轻松戒掉孩子的拖延症

王敏 著

北方联合出版传媒(集团)股份有限公司

万卷出版有限责任公司

图书在版编目（CIP）数据

轻松戒掉孩子的拖延症 / 王敏著. — 沈阳 : 万卷
出版有限责任公司, 2023.10
ISBN 978-7-5470-6342-2

Ⅰ . ①轻… Ⅱ . ①王… Ⅲ . ①家庭教育 Ⅳ . ①G78

中国国家版本馆CIP数据核字（2023）第147978号

出版发行：北方联合出版传媒（集团）股份有限公司
　　　　　万卷出版有限责任公司
　　　　　（地址：沈阳市和平区十一纬路29号　邮编：110003）
印　刷　者：天津鑫旭阳印刷有限公司
经　销　者：全国新华书店
幅面尺寸：145mm×210mm
字　　数：160千字
印　张：7
出版时间：2023年10月第1版
印刷时间：2023年10月第1次印刷
责任编辑：高　爽
责任校对：张　莹
装帧设计：@蔡炎斌
ISBN 978-7-5470-6342-2
定　价：39.80元
联系电话：024-23284090
传　　真：024-23284448

序

　　写这些文字的时候，我正坐在家中的沙发上，儿子在他的书桌前写着作业，耳边不时传来老公督促儿子"快点儿写作业""怎么这儿又写错了"的唠叨，以及儿子小声嘟囔着抗议的声音。微信的家长群里，不时弹出老师和父母们关于孩子学习的各种信息：

　　　　"今天的作业是什么？"

　　　　"明天的美术课要带哪些材料？"

　　　　"今天哪些孩子考试得了满分？"

　　　　"现在已经快晚上 11 点了，孩子作业还没写完，怎么办？"

　　　　…………

　　这些信息均透露着父母们对孩子教育的重视，也隐隐让人感觉到父母对孩子学习的紧张与焦虑。

　　虽然现在提倡给孩子减负，不留过多作业、一二年级的孩子不考试……但教育规则的改变却让孩子的教育问题在平静和缓的表象之下更加波涛汹涌，"卷"得更厉害了。我仍记得儿子刚刚入读一年级时我所受到的刺激：他们班有个女生，她的英语词汇量已经上千，达到了初中水平。其他同学有的奥数已经到四年级水平了，有的钢琴已经达到了八级，还有的写得一手好字，朋友圈里晒出来的毛笔字作品，连我这个老阿姨都自叹不如，只得感慨一声，这就是别人家的孩子啊。

对于以前的孩子来说，大学是"鲤鱼跃龙门"中的"龙门"，是孩子教育的分水岭，也是父母们关注的焦点。如今，随着劳动力市场对人才的需求变化，孩子初中毕业后，50%成绩优秀的孩子可以继续读高中，接受普高教育，另外50%的孩子则被分流进入职业技术学校，接受职业教育。而大部分父母的教育观念还没有随之改变，依然认为上大学是"正道"，因此，能不能考上高中就成了新的教育分水岭。也就是说，影响孩子教育命运的时间从高中提前到了初中，这让父母更加焦虑，而这种焦虑会在日常的一言一行中有意无意地传递给孩子，父母对孩子学习节奏的要求也在不自觉地加快。于是，在父母眼里，很多时候孩子的行为就像电影里加了"慢动作"的特效，做什么都慢吞吞的。

"快点儿写作业！"

"还没吃完吗，上学快迟到了！"

"赶紧睡觉，不然明天上学又起不来了。"

"再这么拖延下去，怎么能考得上大学？"

这样的场景并不少见。这样的催促、指责会让孩子还没来得及认知到学习的意义，就已经对学习的认知发生了改变——从"学习是我想做的事"变成"学习是爸妈要我做的事"。孩子教育的打开方式不对，带来的结果可能就是"差之毫厘，谬以千里"。

很多父母也深感无奈："我也不想天天催孩子，我也希望孩子自己能够主动、快乐地去学习，可他没那个自觉性啊，天天不好好写作业，如果我再不催他，那岂不是更学不好了？"孩子刚入小学时，我也有这种感受，自己心累不说，孩子也很委屈，要么抽抽噎噎着被迫服从，按我交代的去做，要么哇哇大叫着表示抗议，和我对着干，属于典型的"不催还好，越催越慢"。在孩子口中，我从他"最爱的妈妈"变成了"坏妈妈"。最后孩子的成绩没上去，他也不愿意和我亲近了。孩子的疏远让我感到难过，也让我意识到一定是我和许多朋友圈内"同病相怜"的父母所采取的方法在哪里出了差错，这样下去不但解决不了问题，还会让我和孩子"两败俱伤"。

于是我开始抽时间去查阅资料、去观察孩子的言行、去和很多家长聊天、去琢磨"别人家的孩子"。后来，我发现一个很有趣的现象——大部分优秀的学生都有一个共同特点，那就是他们的父母没怎么去管他们。孩子问题比较多的父母，在讲起孩子的问题时滔滔不绝，而家有让人省心的孩子的父母在交流时反而干巴巴的。比如我问淘淘妈妈："你家孩子写作业时这么省心，也不拖延，你是怎么教育的？"淘淘妈妈吃惊地告诉我："他自己本来就这样啊，我没教他什么，也没怎么管过。"

起初我以为是这些父母太谦虚了，不愿意分享教育经验。后来我发现就是父母适时、适度地放手成就了孩子的优秀。

但放手不意味着不管孩子。几乎所有成功克服拖延的孩子背后，都有一对平和、理性、睿智、包容的父母。他们会把孩子放在平等的位置，认真倾听孩子的声音，了解孩子的真实想法，通过和孩子沟通寻找问题背后的真实原因，不断尝试给孩子不同的建议。但无论孩子采取哪种做法，他们都做到了尊重孩子的节奏和想法，鼓励孩子大胆去尝试，放手让孩子自己承担后果，这种最为自然的学习方式就是最有效的方式。

导致孩子拖延的原因有很多，有的是孩子没有时间观念，有的是没有兴趣，有的是缺乏专注力，有的是孩子在以拖延作为反抗父母的一种方式，还有的孩子本身就是个慢性子……

在这本书里，重点筛选了经常让父母感到头疼的9个常见问题，有针对性地抽丝剥茧、深入剖析，寻找问题的根本原因以及简单有效、易操作的解决办法。像《孩子的普遍心声——"很多时候爸妈根本不知道我在想什么，也不知道我想要什么，就知道催催催！"》这一章，这个问题背后的真实原因是父母不会与孩子沟通，抓不住孩子的真实想法。而不了解孩子的真实想法，就找不到问题的症结所在，找不到问题的症结，就无法"对症下药"、帮助孩子有效解决问题。这个问题是解决孩子拖延症的基础，也是解决孩子各类问题的基础。

像《注意力不集中——"写作业时三心二意，磨蹭半天写不了几个字"》这一章，这个问题主要针对的是孩子在写作业过程中因为三心二意导致的拖延，重点解决的是如何提高孩子的注意力的问题。但导致孩子写作业拖延的原因可能是别的原因，有的是没有时间观念，有的是习惯了拖延或不喜欢学习等。如果是因为没有时间观念导致的拖延，可以翻看《缺少时间观念——"孩子做事总是随心所欲、拖拖拉拉"》这一章；如果是因为养成了拖延的坏习惯或是不喜欢学习，可以翻看《缺乏学习兴趣——"孩子对学习不感兴趣，总是拖延"》这一章。

在实际生活中，孩子的"拖延症"一般都不是由一个原因引起的，至少是两个以上原因导致，所以在看书中的案例时，可以针对自己孩子的实际情况，将多个案例、多种原因结合起来看，只有多种方法综合运用，方能有效解决孩子的拖延问题。

最后，感谢一直支持和帮助我的朋友和老师，希望这本书对家有"小磨王"的父母能启发一二，能够帮助到更多的父母和孩子。

测一测:
你家孩子拖延到什么程度了?

"拖延"的英文 procrastination,来源于拉丁文,意思是推至明天。这个概念最开始提出时是没有贬义的,直到 18 世纪中叶,工业革命开始以后,"拖延"开始有了不好的含义,它意味着一个人没有履行自己应该履行的义务。

现代心理学中把"拖延"定义为"自愿推迟开始或完成计划好的行动,尽管预见到该行动可能会因推迟而变糟"。

有拖延症学生的典型表现:

(1)内心很想好好学习,但就是行动不起来;

(2)拖延时感到焦虑不安、自责愧疚、失落;

(3)最终的学习成果质量下降(如不好的成绩、潦草的作业等)。

拖延也分轻重程度,你家孩子的拖延症到几级了呢? 来自测一下吧!

下面的问卷,请根据你家孩子的行为,勾选相应的选项。

1. 他经常在做几天前就已经打算要做的事情。

A. 从不　　　B. 偶尔　　　C. 有时候　　　D. 经常　　　E. 总是

2. 直到作业快交了，他才开始着手写。

A. 从不　　　B. 偶尔　　　C. 有时候　　　D. 经常　　　E. 总是

3. 图书馆的书无论是否看完，他都要临近到期才归还。

A. 从不　　　B. 偶尔　　　C. 有时候　　　D. 经常　　　E. 总是

4. 通常早上到了起床时间，他都会立刻起床。

A. 从不　　　B. 偶尔　　　C. 有时候　　　D. 经常　　　E. 总是

5. 一般来说，他都是写完作业才去玩。

A. 从不　　　B. 偶尔　　　C. 有时候　　　D. 经常　　　E. 总是

6. 他写好的作业一般都是几天后才交给老师。

A. 从不　　　B. 偶尔　　　C. 有时候　　　D. 经常　　　E. 总是

7. 只需要坐下来就能完成的作业，他也很少能在几天内完成。

A. 从不　　　B. 偶尔　　　C. 有时候　　　D. 经常　　　E. 总是

8. 对于必须要写的作业，他也一再拖延它的开始。

A. 从不　　　B. 偶尔　　　C. 有时候　　　D. 经常　　　E. 总是

9. 他一般都很果断地做出决定。

A. 从不　　　B. 偶尔　　　C. 有时候　　　D. 经常　　　E. 总是

10. 准备上学的时候，不到最后一刻，他很少收拾书包。

A. 从不　　　B. 偶尔　　　C. 有时候　　　D. 经常　　　E. 总是

11. 为了按时完成作业，他总是急急忙忙。

A. 从不　　　B. 偶尔　　　C. 有时候　　　D. 经常　　　E. 总是

12. 他要写的作业快交老师时，还是经常先干别的事情。

A. 从不　　B. 偶尔　　C. 有时候　　D. 经常　　E. 总是

13. 和同学一起写作业的时候，他喜欢拖延。

A. 从不　　B. 偶尔　　C. 有时候　　D. 经常　　E. 总是

14. 作业一布置下来，他一般很快开始动手写。

A. 从不　　B. 偶尔　　C. 有时候　　D. 经常　　E. 总是

15. 赴约时，他总是需要同伴等待。

A. 从不　　B. 偶尔　　C. 有时候　　D. 经常　　E. 总是

16. 他总是在最后一刻才开始写作业。

A. 从不　　B. 偶尔　　C. 有时候　　D. 经常　　E. 总是

17. 即便是非常重要的考试，他也总是在最后一刻才开始复习。

A. 从不　　B. 偶尔　　C. 有时候　　D. 经常　　E. 总是

18. 他通常在一天内完成计划好的所有学习任务。

A. 从不　　B. 偶尔　　C. 有时候　　D. 经常　　E. 总是

19. 他会处理好必须完成的任务，再去进行娱乐休闲。

A. 从不　　B. 偶尔　　C. 有时候　　D. 经常　　E. 总是

20. 他经常说：明天我就会把这些作业写完的。

A. 从不　　B. 偶尔　　C. 有时候　　D. 经常　　E. 总是

学业拖延问卷，是由 Lay 编制的学生版拖延量表，其由 20 个学业拖延相关行为项目及感觉项目组成。量表中各项目为等级排列，对"从不""偶尔""有时候""经常""总是"分别记 1 分、2 分、3

分、4分、5分。（题号4、5、9、14、18、19，反向计分。）最后将被测试学生在20个项目上的得分相加，即得到其在学业拖延上的得分。其中，总分在20分以内为不拖延；总分在20～40分为轻度拖延；总分在40～60分为中度拖延；总分在60～80分为重度拖延。总分越高表明被测试的学生学业拖延越严重。学业拖延问卷的中文版本目前已被证明具有良好的信效度，可以用于对我国小学生学业拖延的研究。

目 录
contents

Part1

理解孩子的拖延

01
理解拖延

☆ ✦

"拖延是什么？"

果果是一个资深的拖延"大磨王"，每天放学先跑到楼下疯玩个够，才愿意回家写作业，晚上作业写不完也不着急，第二天早上起来带到学校继续写。周末的作业拖到周日晚上写。有时为了赶紧写完上交，要么想尽办法少写，如一篇看图写话，卷子上画了七八行横线可以用来写话，可果果往往最多写三四行就写完了，应付了事；要么匆匆忙忙，以至于作业写得字体潦草、错误频出。

果果妈妈为此很头疼：为了让他按时完成作业，威胁、恐吓、奖励各种办法全用了，也就只见效一会儿。过后又该怎么样就怎么样了。

"拖延症"指的是不能够很好地进行自我调节，在可以预料到后果对自己无益的情况下，仍然把计划要做的事情往后推迟的一种行为。只是对于孩子来说，他们不一定能够清楚地意识到推迟的后果对自己无益。

"拖延症"是一个普遍存在的现象，不仅孩子爱拖延，成年人也普遍存在拖延的问题，生活中几乎每个人都有"拖延症"，只是每个人的拖延程度不同而已。

中国社会科学院曾做过一项调查，调查结果显示：在中国，80%的大学生和86%的职场工作者都患有"拖延症"，50%的人不拖到最后一刻决不工作，13%的人没有人催促就不会完成工作。

美国德保罗大学调查研究发现，在美国，20%的人患有慢性"拖延症"，75%的大学生是"拖延症"患者。像特斯拉创始人埃隆·里夫·马斯克（Elon Reeve Musk），有次接受采访时说自己深受"拖延症"困扰，他总是把工作拖到截止日期（deadline）才去完成。

知识小课堂

万有拖延定律

2019年，美国国家科学基金会曾选取了10个项目，每个项目的申请人数上千，而且明确了提交时限。基金会发现随着截止日期的临近，收到的提交申请会突然增多，并且迅速向无限多逼近。美国国家科学基金会把这一现象总结为"万有拖延定律"，就是说人们对于有时限的工作，没有被逼到最后都会选择不做，而随着截止日期的到来，日益增加的压力会迫使他们完成工作（见图1）。

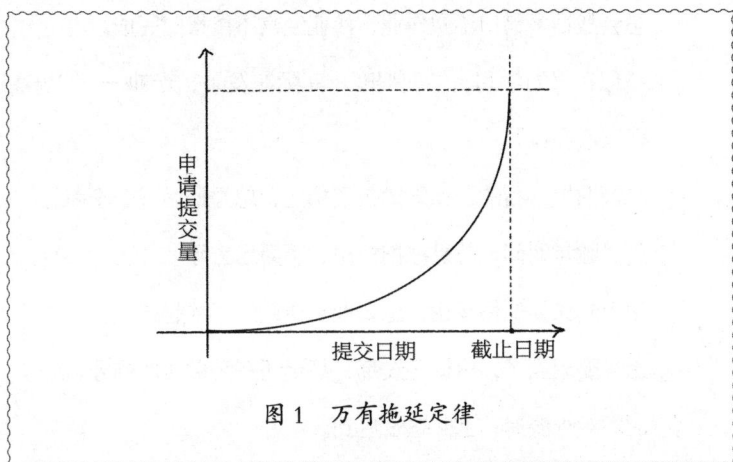

图 1　万有拖延定律

　　拖延几乎是所有人都要面临的共同问题。所以，如果发现自己家孩子有拖延现象，父母的心态不要过于担心或焦虑，关键是如何帮助孩子一起有效战胜拖延。

◌ 孩子的拖延行为

　　下面是通过上百组家庭访谈收集到的孩子常见的拖延现象。如果你家孩子也有同样的现象，那么可以把它勾出来。当然，也可以加入您发现的孩子其他的拖延现象。

　　□ 假期里，无论怎么催都不愿意写作业，直到开学前几天，甚至最后半天才开始动手写作业。

　　□ 写作业时，一会儿渴，一会儿饿，一会儿又要上厕所，磨蹭个把小时还写不了几个字。

☐ 总会找很多借口不做作业，作业经常不能按时完成。

☐ 看似在努力学习、学到很晚，实际在发呆、走神——"身在曹营心在汉"。

☐ 吃饭时慢吞吞的，和同龄孩子相比，总是最后一个吃完。

☐ 到了睡觉时间，总是拖拖拉拉，不愿意去睡。

☐ 早上起床要喊很多遍，总要拖到快迟到了才起床。

☐ 上学要迟到了，早饭还没吃，甚至还在慢吞吞地刷牙。

☐ 时间观念淡薄，上学总爱迟到。

☐ 在学校，老师布置的随堂作业总是完不成。

☐ 总爱丢三落四，经常在扒拉着找东西。

☐ 对父母依赖性比较强，不愿独立完成自己的事。

☐ 总爱把事情拖到最后一刻才去做，做不完又闹情绪。

☐ 逐渐变得消极，很多事情父母不催就不做，缺乏主动性。

☐ 逐渐变得懒散，做什么事儿感觉都提不起兴趣。

☐ 对于孩子拖延，父母催促、批评效果微乎其微，而且越催越慢。

☐ 孩子变得焦虑，不断自我否定，出现内疚或自卑心理。

☐ ＿＿＿＿＿＿＿＿＿＿＿＿＿＿＿＿＿＿＿＿＿。

☐ ＿＿＿＿＿＿＿＿＿＿＿＿＿＿＿＿＿＿＿＿＿。

○ 拖延对孩子的影响

很多人会把孩子成绩不好归结于老师教学质量差或者孩子"笨"、学不会等，很少有人关注到拖延对孩子的影响。实际上，孩子拖延，虽然看上去是一个小问题，但它却有强大的"蝴蝶效应"，影响着孩子学习、生活、心理健康，以及个人习惯的养成，直接关系到孩子的成长和健康。具体来看，"拖延症"对孩子的负面影响有三方面：一是心理上的伤害；二是行为上的影响；三是结果上的危害。

知识小课堂

蝴蝶效应

曾经有研究者研究发现，"在南美洲亚马孙河流域热带雨林中有一只蝴蝶，它偶尔扇动几下翅膀，两周后引发了美国得克萨斯州的一场龙卷风"。因为蝴蝶扇动了翅膀，导致了它身边的空气系统发生了微小的变化，并产生了微弱的气流，这个微弱气流的产生又会引起四周空气或其他系统产生相应的变化，由此引发一个连锁反应，最终导致其他系统发生极大的改变。

在心理学上，"蝴蝶效应"指的是一件看起来毫无关系、非常微小的事情，可能带来巨大的改变。此效应告诉我们：一个人或一件事发展的结果，对初始条件具有极为敏感的依赖性，初始条件的极小偏差，可能会引起结果的极大差异。

在童年这个人生的开始阶段，孩子的一个小小的坏习惯，如拖延，可能会引发人生过程中一连串巨大的负面反应。所以，孩子教育无小事，要及时关注、帮助孩子解决小问题。

1. 从心理上看，拖延会让孩子自我否定、消极自卑

拖延最先给孩子带来的是来自心理上无形的伤害。孩子拖延，最先发现的并不是孩子自己，而是父母或老师，因此孩子就很可能面临着来自父母的指责或学校的压力。而父母的指责或同学们的嘲笑会让孩子产生错误的认知："我怎么这么笨？""我什么事情都做不好。"这时，孩子就会对自身能力产生怀疑，当孩子开始自我否定的时候，自信心就会被打击，从而导致其无法正确认识到自己的优点，这会让孩子逐渐变得消极、自卑。而消极、自卑会让孩子做事时变得畏畏缩缩，不敢大胆去尝试，即便能完成也不敢表现出来，从而变得更加拖延，形成恶性循环。

随着这种情况的升级和加重，孩子会产生深深的自责感、负罪感，严重时可能会伴有焦虑、抑郁等心理疾病，极端一点儿，甚至可能会产生轻生的想法。所以，无论是孩子还是成年人的拖延问题，都引起了心理学家乃至整个社会的广泛关注。《新民晚报》早在2013年曾在一篇报道中提到：

> 5月2日是"五一"小长假后上学的第一天，这一天对于很多学生来说却是"压力山大"。当天早上，南京市溧水

区一名13岁男孩疑因作业未完成，上吊自杀。据知情人士透露，这个男孩就读小学六年级，放假3天都没有写作业，于是在开学当天早上4点起来赶作业，后面又对父母说做不好，想睡觉，后被发现在楼梯口自缢身亡。

2020年腾讯网也有一篇类似的报道：

2020年3月24日，河北省邯郸市一名9岁的学生，因未按时完成作业，曾被老师踢出"钉钉群"，又因没有上网课，被老师在"家校交流群"里点名批评。孩子选择轻生，从15楼一跃而下，抢救无效，不幸身亡。

造成这种严重后果的原因，就是父母看不到孩子心理上的伤口。如果孩子摔倒，磕破了胳膊或腿，无论伤情是否严重，父母都会很担心，着急带孩子到医院检查，有时就算没有伤口也会带孩子去拍个X片来确认骨头有没有伤着。但孩子心理上的创伤也是伤口，虽然是无形的，但后果有时比身体上的伤口还要严重。正是因为看不到它，很多父母都不会注意到孩子心理上受到的伤害，更不会及时地帮助孩子处理这种创伤，就像胳膊原本只是受了一点小伤，因为没有及时医治导致伤口不断扩大、恶化，最后可能影响孩子的生命或人生。

2. 从行为上看，拖延会让孩子不愿去努力，习惯于一事无成

在平常学习生活中，没有被拖延症困扰的孩子会认为"我做得到"是正常现象。如果"做不到"，孩子会感到难受，会急于想办法努力让自己"做得到"，以此来证明自己的价值。

可是如果孩子有拖延的坏习惯，那么因为拖延导致"我做不到"的情况就会逐渐增多，孩子常常会无法完成学习任务、做不好自己的事情。一旦习以为常，孩子会认为"我做不到"是正常现象，不想努力就想"躺平"，变得懈怠，能偷懒就偷懒。这不但会影响孩子的上进心，而且会让孩子更习惯于逃避现实，在困难面前止步不前，习惯于一事无成。

知识小课堂

跳蚤定律

在正常情况下，一只跳蚤可以跳到相当于自身身高 400 倍的高度。如果把跳蚤放在一个玻璃罩内，跳蚤跳起时就会撞在玻璃罩顶上，连续碰撞多次后，跳蚤就会降低自己跳跃的高度，最多只会跳到罩顶处。这时如果继续降低玻璃罩的高度，跳蚤的跳跃高度也会随之越来越低。到了最后，拿掉玻璃罩以后，人们就会发现这只跳蚤竟然再也跳不高了。这就是心理学上著名的"跳蚤定律"（见图2）。

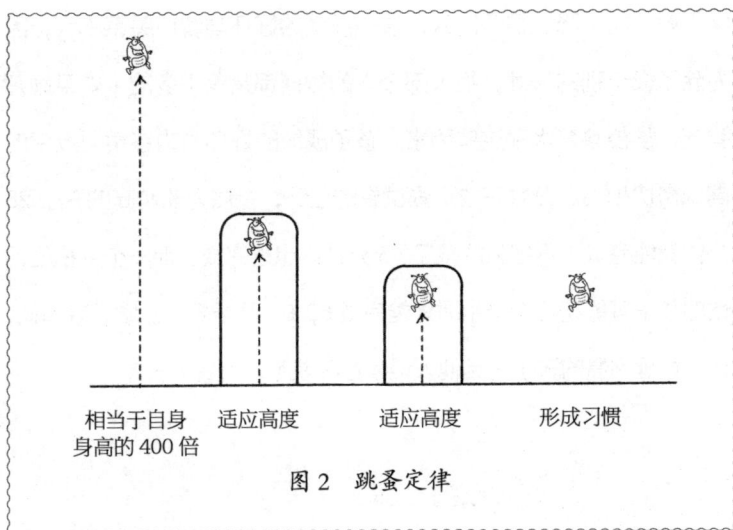

相当于自身　　　适应高度　　　　适应高度　　　　形成习惯
身高的 400 倍

图 2　跳蚤定律

人们总是喜欢享受安逸的时光，很多成年人在遇到困难时也会不断选择后退，习惯待在自己的舒适区，不敢去尝试和突破，孩子更是如此。孩子稚嫩的心性还没有经过磨炼、不够坚定，也没有足够的抗压能力，更容易在遇到困难时选择放弃。

"跳蚤定律"告诫我们：千万不能让孩子在受到反复打击后变得麻木、自卑，进行自我设限；千万不能凡事还没做就认为"我做不到"，在人生刚刚起步的阶段就不敢"跳高"，甚至不敢"起跳"。

3. 从结果上看，拖延会造成学习成绩下降

一个有拖延习惯的孩子，会出现不能按时完成作业、上学迟到等常见现象，其实拖延给孩子带来的影响远不止这些，其中父母最容易忽略的，也是对孩子学习最为关键的影响就是拖延会导致孩子

学习效率的下降。很多时候，孩子成绩的好坏与智商关系不大，因为除了极个别的天才，绝大部分人的智商都是差不多的。如果抛开智商、学校教育水平这些因素，孩子成绩的好坏与内在学习效率的高低密切相关。面对完成一张试卷的任务，专注力非常高的孩子25分钟就能完成，不拖延的孩子45分钟内也能完成，而一个有拖延习惯的孩子可能花了1个小时才能完成50%，甚至更少。学习效率低，让有拖延习惯的孩子与其他人慢慢拉开差距，落后于人。

02
理解孩子拖延的原因

"孩子为什么拖延？"

童童今年读小学三年级，做事情特别拖延，尤其是每天晚上回家写作业，几乎都是在妈妈的"河东狮吼"中完成的。

在童童上三年级之前，童童的妈妈因为工作忙，经常到外地出差，很少陪她写作业。即使陪也是像"监工"一样，眼里容不得沙子，看到孩子写错就立马指出来数落一顿，每次孩子都心惊胆战。

眼看孩子快升四年级了，写作业的时间却是越拖越晚，童童的妈妈开始着急了，把工作都放到一边，想重点陪着孩子把成绩往上提一提，于是出现了每天晚上逼着孩子快点儿写作业的情形。她说的最多的一句话就是"你怎么写个作业都这么慢，别人家的孩子三年级都不用妈妈操心了，你怎么就不能让我省点儿心"。

事与愿违的是，童童的妈妈对童童的学习没这么上心之前还好，自从她天天这么盯着以后，童童写作业写得更慢了，成绩也有所下降。

很多父母在面对孩子拖延这个问题的时候，都非常关注"怎样才能快速解决这个问题"，都希望能够"一招制敌"，马上就能改变孩子的行为，很少去分析孩子出现这个问题背后的真正原因是什么，孩子的动机又是什么，孩子到底为什么要这么做。为什么对孩子讲了那么多遍，孩子依然我行我素、屡教不改？为什么明明是错的，孩子偏要处处和父母对着干？

身为一个孩子的母亲，我特别能理解父母的急切心情。但是，解决孩子问题的正确方式，一定是先找到问题背后的真正原因，才能"对症下药"，有针对性地去解决。就拿孩子的拖延问题来说，发生在不同年龄阶段、不同性格、不同家庭背景、不同生活习惯的孩子身上，可能最终的结果都一样，就是家中出了一个爱拖延的"小磨王"，但其背后的原因却可能是千差万别，完全不是一码事儿。

同样是写作业拖延，有的孩子是因为学习没跟上、不会做；有的是因为没有时间观念；有的是因为写作业过程中三心二意；有的是因为怕做错了被父母或老师批评；有的是因为对上学没兴趣，不想写；有的是因为想以此获得父母的关注；有的是因为感觉作业太多，写完了还有更多的作业在等着，不想快速完成；有的是因为天生是慢性子；还有的是因为完美主义……

上述案例中的童童，由于在一二年级阶段疏于管教，养成了写作业拖沓的习惯。其实在和童童沟通后，我发现她不是不愿意学习，主要原因是不会合理安排时间。但是童童的妈妈在开始教导童童时并没意识到这一点，她直接采用了批评、吼骂的方式，还经常拿别人家的孩子和童童作比较，从而使童童胆子越来越小，在妈妈面前甚至不敢做题，生怕出错。此外，童童的妈妈发现孩子有错就会立马指出，不断打断孩子，很容易破坏孩子的专注力。多种因素综合起来，导致童童写作业越来越慢。

◌ 无意识的拖延

整体来看，孩子的拖延分有意识拖延和无意识拖延。无意识拖延是指孩子没有意识到自己是在拖延或者说没有意识到自己动作比较慢。有意识拖延是指孩子下意识抗拒，或者是主动找理由、找借口的拖延行为。

导致孩子出现无意识拖延行为，一般有以下几个原因。

1. 没有时间观念

晨晨的爸爸："现在都9点了，作业怎么还没写完？快点！30分钟内写完！明天早上7点还要早起上学呢。"

晨晨听后，一脸懵懂，问："30分钟是多长时间啊？"

爸爸愣住了，一下子不知道该怎么和孩子解释才能让孩子快速了解30分钟是多久。

如果孩子没有经过关于时间的有意识的教导，一般6岁以下的孩子很难有清晰准确的时间观念。而对于一个没有时间观念的孩子来说，父母眼中的拖延在孩子看来是正常的生活、学习节奏。因此，如果要有效纠正孩子的拖延问题，首先要培养孩子时间观念，学习对计时工具的认知，让孩子分清时间的顺序，能够把控时间的长短，并在日常生活中经常运用。

2. 对"任务"不熟练

对新接触的事物，无论成年人还是孩子，都有一个"熟能生巧"的过程。孩子的大脑思维能力和身体动作协调能力都还处在一个不断发育、完善的阶段，远不成熟，所以，有时孩子熟悉新事物可能比成年人需要更多的时间，他需要一边摸索一边思考。由于孩子很难迅速完成，所以看起来就比较慢，这些情况不是孩子在故意拖延，属于正常现象。

这让我想起了一些新拿驾照的司机，会在车尾贴一句车标"别嘀嘀，越嘀越慢"，以此提醒后面的车辆不要总按喇叭催促。同样，对于孩子来说，万事皆为新事，新手上路，所以别总催，越催越慢。

以写字为例，在成年人看来，写字是再简单不过的一件小事儿，可对学写字的一年级孩子来说，这无疑是一项巨大的挑战，他需要花很长时间，1个月、2个月、1年、2年……通过反复练习才能慢慢掌握写字技巧，逐渐写好。

> 提起乐乐学写字，乐乐的妈妈形容他的小手拿着铅笔特别笨拙，控制不住铅笔，像拿着一根木棍一样。让他简单写个"一"字，乐乐写的"一"就是占据两个田字格那么大的一条歪歪扭扭的"毛毛虫"。乐乐的妈妈开玩笑地说："刚开始学写字那会儿，整整2个月，写的哪里是字啊，简直就是'鬼画符'。"

3. 任务难度太大，超出孩子能力范围

孩子都有好胜心，而且往往心理期望远远大于其实际能力，所以，孩子在一开始的时候总是信心满满地向前冲，可是在做的过程中，孩子会发现以自己的能力根本无法完成，这是由于孩子高估了自己的能力。

或者父母给的任务，在父母眼中非常容易，可对于新接触的孩子来说可能非常难，以他现在的能力还无法达成，这是由于父母高估了孩子的能力。

无论是以上哪种情况导致孩子无法顺利完成任务时，孩子都会看起来很拖延。

4. 孩子天生就是慢性子

世界上没有完全一样的两片树叶，也没有性情完全相同的两个孩子，每个孩子的性格都是不同的，即便是双胞胎性情也不会完全相同。有些孩子做事慢是由他们的先天气质决定的，这样的孩子天生就是慢性子。

心理学上将人的气质类型分为四种：多血质、胆汁质、黏液质和抑郁质。不同气质的孩子在思维、言语和动作上会表现出不同的特点。

多血质的孩子活泼好动、动作敏捷、喜欢和人交往，但注意力易转移、兴趣易变换。

胆汁质的孩子直率热情、精力旺盛、动作迅速，但难于自我控制。

黏液质的孩子安静稳重、注意力稳定，但思维、语言和动作都相对缓慢。

抑郁质的孩子多愁善感、行为缓慢，但对事物观察非常细致。

可见，黏液质和抑郁质的孩子属于相对安静缓慢型，是天生的慢性子。这类孩子做事情慢吞吞的，在父母眼里可能就表现为有些拖延，总是跟不上别人家孩子的节奏，哪怕是父母不断催促，冲他们发脾气，也没办法让他们快起来。

其实，孩子的各种气质没有好坏之分，都有自己的优缺点。慢性子也有慢性子的优点，慢性子的孩子做事时观察细致、小心谨慎，认真踏实、不容易出错，但也有缺点，就是做事看起来比较拖延、常常错过机会，不能充分利用好时间。急性子的孩子，虽然做事很快，但总是毛毛躁躁的，特别容易出错。

多多三年级了，平时在校学习表现非常好，上课积极回答问题、作业完成得特别快，老师经常表扬她，父母也觉得多多在学习方面很省心。可是多多每次考试都考不到100分，她做题速度很快，60分钟的考试时间，她往往20多分钟就交卷了。妈妈和老师都叮嘱她不要急着去交卷，一定要仔细多检查几遍，这让急性子的多多特别苦恼："题目很简单啊，我都会做，而且我检查了好几遍了。"

可结果是，每次考试都考不到100分，要么因为没看清题，要么因为算对了但写时写错了，基本上都是粗心大意导致的。

作为父母，我们需要保持平常心，对孩子拖延这件事要处之泰然，经常反省自己对孩子拖延的行为是否过分敏感，是否过于焦虑与担心，是否为此经常对孩子发火。

如果孩子天生是慢性子，这个"慢"对学习成绩的影响可以忽略不计，并且在学习、生活中也没有妨碍到他人，那么，即便是父母，我们也没有权利把自己认同的生活节奏强加到孩子身上，慢节奏未必没有快节奏的生活来得幸福。生命的意义不在于做事的速度有多快，每一种生命的过程都有它的价值所在。父母要尊重孩子的天性，不必过多纠正，应允许孩子按照自己的方式、节奏来展开生命过程，这也是父母对孩子作为独立个体来说一种最基本的尊重。

⊙ 有意识的拖延

导致孩子有意识拖延的因素，一般有以下几个。

1. 对任务不感兴趣或讨厌

当孩子对父母或老师指派的"任务"不感兴趣，甚至感到讨厌时，如果父母或老师强制要求孩子必须完成，孩子很可能就会产生抗拒心理，因为没有一个孩子会愿意花时间去做自己不感兴趣的事情。"兴趣是最好的老师"，如果对一件事情完全没有兴趣，不仅是孩子，就算是成年人，也不愿认真去完成。对此，孩子表现出来的很可能就是慢吞吞、拖拖拉拉。

2. 注意力不集中，做事三心二意

小学课文《小猫钓鱼》讲了这样的故事：小猫和妈妈去钓鱼，小猫一会儿去捉蜻蜓，一会儿去捉蝴蝶，结果一条鱼也没钓到。孩子有时也是这样，注意力很容易被其他事情吸引，不能专注地完成一件事情。其实，注意力分散是正常现象，但如果长期三心二意，做事时总被其他事情左右，不但不利于专注力的养成，也会导致孩子做事特别慢。

比如，学校要求学生每天完成四组跳绳打卡，每组跳 1 分钟。这对一般的孩子来说几分钟就能完成，可对于三心二意的孩子来说，往往需要 1 个小时才能完成，比如跳前换鞋要花上五六分钟，找跳绳要用 10 多分钟，每跳一组要休息 10 多分钟，跳完还要再玩上半个小时才愿意接着做别的事情。

因此，对于做事习惯三心二意的孩子来说，磨蹭、拖延不足为奇。

3. 信心不足，害怕做错或失败

有些孩子之所以拖延，并不是故意为之，而是由于他们心理出现了过不去的"坎儿"，比如事情还没开始做，就陷入自我否定，怀疑自己完不成、做不好、做错了会受到批评等。所以，自信心不足的孩子宁愿把事情拖着，也不想马上去做，以此来逃避这些事情带给他的不安和恐惧感。

甜甜是一个十分聪明的孩子，在上幼儿园的时候，她的观察能力和语言能力都超过了同龄孩子。甜甜的妈妈为此感到很骄傲，经常夸女儿聪明。

可自从上了一年级之后，本来开朗自信的甜甜仿佛变了一个人——

在课堂上总担心回答问题错误被同学们嘲笑，每逢老师提问，就会赶紧低头，生怕老师叫到自己。老师或者妈妈指出她的错误时，她就会表现出很难接受的样子，要么磨蹭着不愿意写，要么干脆撂挑子，剩下的作业不做了。后来，学校的各种活动她也害怕参与了，总是担心自己做不好，比不过其他同学，如写的字不够漂亮、画的画不够好看、演讲时卡壳儿等。

甜甜成了一个爱拖延、爱逃避的孩子，这让甜甜的妈妈情绪低落到谷底……

○ 不属于"拖延症"的拖延行为

1. 注意力非常集中

美国心理学家艾丽卡·雷斯切尔（Erica Reischer）认为：磨蹭是孩子成长过程中必经的阶段。正因为磨蹭，他们才能专注于眼前的事。不会磨蹭的孩子，反而才是真的有问题。有些孩子做事拖延，不是因为注意力不集中，反而是因为注意力太集中了，当孩子注意力集中在一件事，沉浸在其中时，就容易忘记时间和其他要做的事情。

萱萱的妈妈让萱萱下午先画画，然后再做 4 页算术题。可是萱萱画画太投入了，不断有新的东西想画上去，忘记了时间和其他事。结果一下午她都在画画，等画好后已经没时间做算术题了。

萱萱的情况说明孩子的专注力非常好，父母应该感到高兴，注意保护好孩子的这份专注力，不要将其当作做事拖延而把这份难得的品质破坏掉了。可有时我们也会面临两难，因为专注力高耽误了做其他事情，怎么办呢？这时我们可以通过培养孩子的时间观念，教孩子学会合理规划时间等方式进行调整，本书第二部分会有详细介绍。

2. 过于追求完美

还有一些孩子天生追求完美，因为追求事事都要做到完美，所以做起事来总会比其他孩子慢上几拍。

> 球球是个追求完美的孩子，每次写字时，都想让每个字写得和书本上的一样。球球观察得很仔细，但动手能力还跟不上，所以往往写一个擦两个，写两行擦一行，反复擦掉重写，有时作业本都擦破了，还哭鼻子，担心第二天交作业时被老师批评。可即便是这样，下次写作业时，他还是要不断擦掉重写。对此，球球的妈妈心情很复杂，既骄傲又焦虑，骄傲的是孩子的字在班里是写得最好的，焦虑的是孩子每天写作业实在是太慢了。

追求完美主义的孩子大多对自己的要求很高，在学习方面也有较好的自制力。对于这类孩子，如果我们一味地催促，或者不断地提醒时间，基本上没什么效果。建议可以不再用高标准要求孩子，因为孩子自我要求已经够高了，同时帮他适当降低对任务的期望和要求，但注意不要降得太低，也不要为此批评孩子，以免破坏孩子高标准、严格要求自己的这份难得的心性。

对于像球球这样追求完美导致写字慢的现象，如果没有对孩子的正常学习生活产生大的影响，可以不用纠正。可是球球每天晚上要熬到 11 点多才能写完作业，这已经影响到他正常休息了。妈妈和老师沟通后，找到了一个解决办法。

一天，妈妈故意拿其他小朋友写的字给球球看，并对他说："这个小朋友写的字很不错呢。"球球看到后大声说："妈妈，他写的字还没我好呢！"

妈妈："是吗？老师也觉得他写得不错呢。"

球球不乐意了，拿起自己的作业本指给妈妈看："妈妈，你看看到底谁写得好？"

妈妈："是你，目前在你们班里你写的是最好的，老师也经常表扬你呢！"

球球自豪地扬起小下巴："那是，我写得可认真了。"

妈妈："可是，我听说他们在学校就能完成作业，他们怎么写得这么快呢？"

球球骄傲地回答："这有什么，如果写成这样，我也可以写得很快呢。"

妈妈："那我们试试，如果你写得像他这样或者只比他好一点点，是不是写字的速度也可以快一些呢？"

给球球一个"不完美的参照物"，有了对比，球球也就稍微降低了自己写字的标准和期望，写字的速度也有了不小的提高。

◯ 警惕！八种无效措施

1. 催促、责备孩子

"这么简单的事，你怎么总是拖拖拉拉的？"

"天天这么磨蹭，以后肯定考不上大学！"

这种经常责备孩子的做法，不仅没有顾及孩子内心的感受，也会伤害到孩子的自尊和自信心。在责备、打击中长大的孩子，会逐渐变得胆小懦弱，即便能做到也不敢表现出来。

2. 吓唬孩子

"再做不完，就不要吃饭了！"

"快点儿！再磨蹭下去妈妈先走了！"

"写不完今天晚上不准睡觉！"

"再不听话，别跟着我了，回老家和奶奶过去吧！"

很多父母在教导孩子时总是习惯性地吓唬孩子，因为这样可以很好地"治住"孩子，让他变得听话。特别是爷爷、奶奶这一辈老人，也喜欢用这种方式来哄孩子。

我就是在外婆的故事中吓着长大的。

小时候，外婆为了不让我傍晚出去玩，经常和我讲一个故事：我们家附近有一种野兽，叫"人脚獾"，它们的脚印和人类的一样，特别有迷惑性。白天它们藏得特别好，晚上出来找食物，跑得特别快，没人能找得到。它们最喜欢吃小孩，如果到了傍晚小孩子还在外面玩不回家的话，就会把孩子抓走吃掉。

后来，一到天快黑了，我就赶紧回家，生怕被抓走吃掉。到了晚上也经常吓得不敢睡，怕"人脚獾"在外面没抓着小孩儿饿肚子，会跑到家里来抓我。

虽然这种吓唬的方式能在一定程度上让孩子听话，但同样也会让孩子感到害怕、难过，有时甚至伤害到孩子的心理健康，长此以往也可能会影响亲子关系。

3. 对孩子唠叨

试想一下，如果有人对自己整天唠叨不休，即便是为我们好，即使能受得了一时，但长期如此，我们也会感到十分厌烦。

换位思考，其实孩子也一样，如果父母天天对着孩子喋喋不休，最后的结果很可能与父母的期望背道而驰，孩子不但不会听，反而会适得其反。

4. 超龄要求

"一口吃不成一个胖子"，不要指望一个 5 岁的孩子可以像 12 岁孩子一样自律、懂事，一个孩子也很难跟得上成年人的快节奏。

超出孩子年龄的严格要求，会打扰孩子正常的发展节奏，不利于孩子从容地展开身心发展历程和感受应有的生命体验。超龄的严格要求不是在教育孩子，而是在"揠苗助长"，对亲子关系也是有害无益。

5. 纵容孩子

"孩子还小，拖延很正常，长大自然就好了。"

"孩子拖延又不是病，只是慢一点而已，着什么急啊！"

自从我自己有了孩子以后才发现，生孩子不难，如何教养孩子才是最难的。可怜天下父母心，自己含辛茹苦养大的孩子，总会多心疼一些，即便孩子有一些错误行为，有时也会觉得自家孩子哪哪都好，犯点儿小错没什么大不了的，选择置之不理或一笑了之。实际上，从孩子呱呱坠地到长大成人，父母的一言一行、家庭环境、心理疏导、素质教育等，无时无刻不在影响着孩子的性格和思维。有时，父母的一时放纵或疏忽可能会影响孩子的一生。

6. 代替孩子

孩子自己要倒水喝，父母："小心，别烫着了，放那儿吧，我来给你倒！"

孩子自己要穿鞋子，父母："怎么系个鞋带也这么慢，我来系吧！"

孩子自己要洗水果，父母："你哪里能洗得干净，我来洗吧！"

有时为了让孩子快一点儿，或者认为孩子自己做不好，父母会代替孩子直接做事，小到孩子日常生活中的衣食住行，大到学校选择、未来职业选择，甚至婚姻选择，有些父母都会一手包办。这种做法会让孩子觉得自己很没用，什么事都做不好。这不是在教育孩子，而是在培养未来的成年人"巨婴"。

7. 家长意见不一致

早上，乐乐的妈妈急着想把乐乐送到学校再去上班，

妈妈不断催促乐乐："快点儿吃，你上学要迟到了！"

奶奶看不下去了："别催孩子了，孩子都噎着了，晚去一会儿没事，孩子不吃饱会耽误长身体。"转头安慰乐乐："乐乐乖，别着急啊，慢慢吃，吃完奶奶去送你，如果老师批评你，奶奶会和老师说的。

在企业管理上有一个著名的"手表定律"，意思是一个人有一只手表时，会清晰地知道现在是几点，而当他同时拥有两只手表时反而无法确定时间了。在职场中，一个人不能同时接受两个领导不同意见的管理，否则这个人将无所适从，行为陷于混乱。

这不仅适用于领导管理员工，也适用于家长管理孩子。对待孩子拖延的问题，如果父母或家里长辈意见不一致，会让孩子感到是非混淆、无所适从、不知道听谁的，这会导致孩子用无所谓的态度对待自己做的错事，或者聪明的孩子会钻空子，起不到真正教育孩子的效果，也不利于孩子是非观念的形成。

8. 打骂孩子

看到孩子拖延，有些父母会着急上火，忍不住采取打骂这种暴力的方式来解决问题。这种做法完全没有顾及孩子内心的感受，会伤害到孩子的自尊和自信心。在打骂环境中长大的孩子，可能会产生两种不同的极端性格：要么逐渐变得自卑、胆小懦弱；要么变得暴力，因为模仿父母是孩子的本能。俗话说："父母是'原件'，孩子是'复印件'。"一个在暴力和辱骂环境中长大的孩子，长大后很可能有暴力倾向。凤凰网湖南站 2018 年曾有一篇报道：

　　12 月 2 日，湖南省沅江市泗湖山镇，就读小学六年级的 12 岁学生，在家里偷偷抽烟，却被妈妈发现，气愤的母亲拿起了皮带就对孩子一顿狠狠抽打。结果他直接和母亲动起了手，被愤怒冲昏头脑的孩子去厨房里拿起了菜刀，接连对妈妈疯狂砍了 20 多刀，导致妈妈当场死亡。

　　上面的案例有些极端，但这种打骂孩子的现象却时有发生。我查了大量青少年失足、不成才的案例，分析背后的原因，最后得出一个结论：

　　对孩子严格管教本身并没有错，父母"望子成龙、盼女成凤"，对孩子抱有很高的期望也没错。父母因对孩子抱有很高的期望严格要求孩子，这些都是对的，也应该这么做。但严格要求并不意味着要采取打骂这种方式，教育方法不对，是造成很多孩子教育失败的根本原因。

　　以上八种做法对解决孩子的"拖延症"不但于事无补，还可能让孩子的"拖延症"越来越严重。其实不仅是对孩子的"拖延症"，其他任何关于孩子教育方面的问题，以上八种做法都是不可取的。

03
孩子的普遍心声

☆

**"很多时候爸妈根本不知道我在想什么，
也不知道我想要什么，就知道催催催！"**

妈妈带着宣宣去朋友家做客，宣宣和妈妈朋友家孩子多多年纪差不多大。妈妈们聊天谈事，孩子们在一起也玩得很起劲儿。

大人的事情谈好了，宣宣的妈妈就告诉宣宣，准备回家了。可宣宣正玩得高兴，不愿意离开，妈妈只好再坐一会儿，等宣宣。

10分钟过去了，20分钟过去了，宣宣的妈妈心里已经有些着急了，又催了几次，宣宣就是不愿意走。突然，朋友家摆在玄关的一个漂亮花瓶，在两个小朋友追逐打闹中被摔碎了。

宣宣的妈妈下意识地认为，这是宣宣打碎的，感到很惭愧，对朋友道歉后，拉着宣宣就走了。

在回家的路上，妈妈憋了一肚子的气终于爆发出来了，对宣宣吼道："你这孩子怎么这么拖延！我催你好几遍，就是一直磨蹭着不肯跟我回家，结果还把人家的花瓶给打碎了！今后我再也不会带你出来！"

宣宣试图解释："妈妈，不是我不想回，是多多不想让我走。她说如果我回家了，她妈妈又该让她写作业了，她不想写作业，想和我一起多玩一会儿。"

妈妈这时正在气头上，口不择言地讲："多多比你成绩好多了，人家一直是班级前几名，你的成绩呢？人家玩你也玩，考那点儿分，你有什么资格和人家玩！我看是你不想走，还想赖在人家多多头上！"

宣宣哭了："我说的是真的。妈妈，你为什么不相信我。花瓶也不是我碰倒的，你为什么总是责怪我？"

妈妈说："就算不是你打破的，可如果不是你一直拖着不走，那花瓶能自己碎吗？"

宣宣不再说话，默默地抹眼泪。

妈妈依然得理不饶人："今天这么磨蹭，你知道错了吗？"

最后，在妈妈的威压之下，宣宣很不情愿地向妈妈低头认了错。但宣宣坚信自己并没有错，妈妈不但不去了解事情的真实情况，还冤枉了自己，这让她感到非常委屈。

英国教育家赫伯特·斯宾塞（Herbert Spencer）说："孩子在

想什么？面临怎样的问题？孩子的内心世界就像一个藏满秘密的盒子。"父母与孩子可以说是这世界上最亲近的关系，怎么会有父母不了解孩子呢？可事实却是，随着孩子长大，很多孩子对朋友、他人可以很亲近，但对父母却日渐疏远。

有次我参加朋友孩子灿灿12岁的生日会，朋友家只有这么一个宝贝女儿，平时夫妻俩把女儿宠得像个小公主，生日会自然办得特别隆重。在生日会快要结束时，朋友拉着孩子让我帮忙给他们一家三口拍几张合影。拍完后，灿灿的同龄小朋友也走了过来想拍照，于是我顺手帮忙都拍了一些。

回到家，我想筛选一些拍得好的发给朋友，但却发现了一个特别有意思的现象：几乎每张朋友夫妻俩和女儿的合影照片，夫妻二人都笑得特别灿烂，可女儿都是微微嘟着嘴，脸上一丝笑容都没有。而在灿灿与小伙伴的合影中，每一张照片上灿灿脸上都洋溢着大大的笑容。和父母拍照时不开心的表情，与小伙伴合影时快乐的样子形成了鲜明的反差，这让我感到疑惑。灿灿父母那么疼爱女儿，为什么灿灿和父母在一起不开心呢？

后来和朋友聊天，她提到自己女儿就叹气："我和她爸爸天天围着她转，要什么买什么，可是我们说什么灿灿都不爱听，真不知道拿这孩子怎么办。"

有句歌词"给得再多，不如懂我"，说出了孩子的心声，灿灿和父母之间的这种并不融洽的关系，以及上面案例中宣宣与母亲之间的冲突，很大程度上就是因为父母和孩子没有进行充分良好的沟通。父母并不知道孩子到底在想什么，没有走进孩子的内心。

○ 不懂孩子心的家长

为什么父母读不懂孩子？主要有以下几个原因。

1. 孩子的自我意识日渐增强

在对 5 ～ 12 岁的孩子进行访谈的过程中发现：孩子 5 岁之前比较听父母话，基本上父母说什么，孩子都会听话照做。但随着孩子年龄的增长、自主意识的增强，尤其是 8 岁以后，孩子自我意识的形成到了关键时期，他们越来越在意自己能否得到关注、自己的想法能否得到认可和重视。与此同时，他们还会产生很强的违拗意识和行为，比如爱和父母唱反调、喜欢挑战父母底线等。

如果孩子的意见和想法没有得到父母的关注与认可，或者是父母没有给孩子充分表达的机会，孩子就会出现"让他往东他往西，让他追狗他撵鸡"的倾向，尤其是在得不到父母认同与重视的情况下，孩子的这种违拗意识会进一步强化。

2. 孩子有时也会"心口不一"

要想真正帮助孩子战胜拖延症，首先得找到孩子拖延的真实动机，之后才能因材施教。可是该如何找到孩子拖延的真实动机呢？不要以为简单询问孩子几句，孩子就能告诉你他内心最真实的想法，孩子对父母说的不一定是实话。

有一件事令我印象深刻。记得在儿子 3 岁左右时，他还没上幼儿园，那时我和儿子聊天时经常聊到再要一个妹妹或弟弟的话题。他那么小一个人想得还挺多，担心多一个孩子会和他抢玩具、抢零食，担心我对他的爱会分一半出去等，所以他很抵触，而我会经常拿这个话题来逗他。

有次我要出差，出差前他拽着我的行李不让我走，又哭又闹，我来火了，随口说了句："妈妈是去工作又不是出去玩，出差你不同意，再要个妹妹你也不同意，你怎么这么不懂事！"说完拉着行李箱就出门了。

两天后我出差回来，儿子见到我很开心，我也很高兴，早就把出差前发生的那点儿不愉快抛到九霄云外去了。看见儿子真的是感觉"一日不见，如隔三秋"，抱着他亲了半天。这时，儿子突然很认真地对我说："妈妈，我现在特别想要个妹妹。"

我很惊讶："你不是一直不想要妹妹吗？"

儿子就对我撒娇："我喜欢妹妹，妈妈就要一个嘛，我还可以帮助你照顾她，给她泡奶喝，还会带她出去玩。"

我很感动，心想儿子终于想通了，逮着儿子一顿猛夸。晚饭后，我就对他说了我的真实想法："妈妈工作太忙，年龄也大了，没打算再要一个孩子，妈妈有你一个宝贝就够了。"

儿子看了我好半天，才小心翼翼地问："真的吗，妈妈？你不喜欢妹妹了吗？"

我很肯定地回答："虽然喜欢，但我不会再要一个妹妹，只要你一个孩子。"

接下来儿子的反应让我至今难忘：

他哭着扑到我怀里，说："我也不想要妹妹，我只想妈妈要我一个……"

我非常震惊！这才意识到自己竟然被一个3岁的小孩儿给骗了。后来我反思，出差前的那通批评，刺激到了儿子，让他误以为我不要他了，又两天没见到妈妈所以他感到害怕了，因此我一回家，他就违心地说自己想要妹妹、想照顾妹妹那些谎话。如果不是他主动和我讲，我完全没意识到他在撒谎，因为无论是他当时讲话的语气、表情，还是动作，都在表达他特别想要个妹妹，他成功地把我给骗到了。

举这个案例是想说明一个问题，千万不要小看孩子"察言观色"

的能力，永远不要低估一个孩子的情商与智商，孩子很可能会因为一些我们可能忽视或想象不到的原因，有意或无意地对我们隐瞒他的真实想法，尤其是当他意识到如果他讲出真实想法，爸爸妈妈可能会不高兴的情况下。

3. 父母有时会"自以为是"

每个人看问题的角度是不同的，父母是强势的一方，再加上自认为所做的一切都是为了孩子好，会自然而然地认为："我走过的桥比孩子走过的路还要长，孩子还那么小，能懂什么？听我的就对了。"所以，有时候父母不会耐心地了解孩子的问题、倾听孩子的声音，更不会站在孩子的角度去看问题，导致父母自以为了解孩子，其实了解的是自己想象中的孩子，并不一定是自己孩子真实的想法。

4. 父母不会正确地和孩子沟通

菲姐脾气急，一向习惯了儿子对自己言听计从，可她最近很苦恼，因为她觉得现在自己和儿子越来越无法沟通了。

她说："有时候我很想心平气和地和孩子聊一聊，但是不知道为什么，经常说不到三句，儿子就表示不耐烦，不愿搭理我了。"儿子这种态度会让菲姐忍不住发脾气。然而，她越发脾气，儿子越不理睬她。现在母子俩几乎到了水火不容的地步了。

像菲姐这样的父母有很多，很多父母"教育""规范"意识很强，孩子的优点和成绩好被视为理所当然，他们关注的重点是孩子的缺点和可能遇到的危险，总爱敲打、警示、规范孩子。

这类父母在与孩子聊天时，可能会带着居高临下的说教态度。试想一下，如果你是个孩子，会愿意和这样的父母继续聊下去吗？显然不会。这种方式在短期内可能会有"良好"效果，孩子会变得老实听话，但这种与孩子缺乏感情连接的沟通方式，特别容易产生亲子感情障碍，从长远来说，对孩子人格的成长也不利，亲子矛盾往往会在孩子进入青春期后爆发出来。

那么，如果父母不了解孩子，会带来怎样的负面影响？

（1）父母走不进孩子心里，影响亲子关系。

孩子在青春期之前，如果父母不了解孩子的真实想法、真实感受，就像案例中的宣宣，被妈妈误解、冤枉，虽然她还不会和妈妈争吵，但她内心是留下伤痕的，对妈妈至少很长一段时间是不再亲近了。如果类似的事情经常发生，那孩子就会渐渐地变得不愿意和父母讲话，而父母由于不了解自己的孩子，忽视孩子内心的需求，甚至可能会做一些令孩子反感的事而不自知。

现在很多孩子对外人热情，唯独对自己的父母冷漠，根本原因还是出在父母身上，因为父母和孩子缺乏沟通，连接父母与孩子之间感情的桥梁"塌方"了。所以，如果父母不了解自己的孩子，最直接的后果就是亲子之间逐渐生疏冷淡。

（2）父母教导孩子时，无法做到因材施教。

不了解自己孩子真实想法的父母，无法知道孩子的问题所在，更没有办法对孩子因材施教。因为每个孩子都是与众不同的个体，不同的孩子需要的教育方法也不相同。

球球是个安静的孩子，特别听话。球球的妈妈喜欢拿球球和别人家的孩子比较。看到楼上同年级的豆豆学习成绩好，就质问球球："你看看人家豆豆，这次又考了满分。为什么你的学习成绩就上不去呢？"看到别人家的孩子爱打篮球，就质问球球："我也给你买了篮球，你为什么不好好锻炼呢？"这让球球感到特别难过，问妈妈："妈妈你是不是喜欢别人家的孩子，不喜欢我了？"

每个孩子的天赋不同，他们的特长和优势也不相同，有的孩子擅长文化课学习，有的孩子擅长舞蹈，有的孩子擅长体育，有的孩子擅长书法……像球球也有很多优点，他喜欢安静地画画，曾经在美术比赛中多次获得奖状，还喜欢算术，参加小学数独比赛也获得了不错的成绩。这些都是球球出于兴趣自己学的，并没有专门训练过。如果球球的妈妈能够因势利导，相信球球在自己喜欢的美术和算术中，会变得更加自信、优秀。

（3）会让孩子到了青春期后更叛逆。

父母不了解自己的孩子，不管是哪一种原因导致的，最终都会让孩子的内心感到不被认可、被忽视，感到很孤独，又或者是觉得父母根本不爱自己，也不了解自己，总是和自己对着干。那么这种压抑和孤独，等孩子到了青春期就会爆发出来，导致孩子以暴躁、叛逆的行为来表达自己的不满。

⊙ 读懂孩子的心，赢得孩子合作

"谈话的艺术，是听与被听的艺术。"读懂孩子的心，有以下几种方法。

1. 尊重孩子，提供能够让孩子自由表达的家庭环境

也许有人觉得不可思议，"难道如今还会有人不让孩子说话吗？"确实，没有哪个父母会限制孩子说话的自由，但作为父母的我们思考一下：

"和孩子沟通时，我真的把孩子放到与我平等的位置来对话了吗？"

"孩子在说话时，我有仔细聆听吗？听后有认真对待他提出的问题吗？"

还是下意识地认为：

"孩子还小能懂什么，我替他做主就行了！"

"孩子听父母的话天经地义！"

"我做这么多都是为了孩子好。"

这些想法并没有错，可孩子是独立的生命体，他需要被尊重、被认同。试想，如果连自己的父母都不认同自己，他哪儿来的自信去面对他人？

如果孩子预感到这件事情"说了爸爸妈妈也不会听""说了也没用""说了爸爸妈妈会不高兴""说了会挨批评"，那么出于趋利避害的本能，孩子自然而然就会陷入"说了也没用，不如不说""如果会挨批评，不如换个说法"这样的恶性循环。这也是孩子会对父母撒谎，随着孩子长大，他们与父母的交流越来越少，遇到事情不愿意和父母沟通的重要原因之一。

2. 调整好自己对孩子的期待值

很多人认为不能给孩子过高的期望，担心期望过高会给孩子过大压力。其实不然，有研究发现，如果父母对孩子期望比较高，那么孩子的成就动机就高。反之，如果父母对孩子要求比较低、期望比较低，那么孩子的成就动机就会相对降低。"心有多大，舞台就有多大"，孩子"心"的大小，很多时候取决于父母的期望，期望值的高低是孩子未来成就"天花板"的高低。如果期望值过低，可能会压制孩子未来的发展潜力。

让孩子压力大、负担重的主要原因并不是期望值过高，可能是父母对期望值的表达方式、实施方式出错了。

（1）错误的表达方式。

错误的表达方式主要表现为把自己的期望直接强加给孩子，而不是给孩子更高的期望，两者虽然看起来很接近，但其实是两码事。强加给孩子的期望，孩子不一定愿意接受，如果孩子反感，那结果很可能适得其反。

　　　　琪琪是一个四年级的男孩，他从幼儿园时起就喜欢消防车、消防器材，他的梦想就是长大当一名消防员。"爸爸妈妈，我长大想当一名消防员，当消防员特别酷！"每次和爸爸妈妈讲起自己的梦想时，琪琪的眼睛都在放光。

　　　　可琪琪的爸爸和妈妈都很反对："消防员有什么好的，工作辛苦又赚不到钱。当医生多好啊，工作体面收入又高。"

　　　　琪琪："可是我想当救火、救人的大英雄！"

　　　　爸爸："你懂什么，消防员太危险了，当消防员能有多大出息。当医生多好，救死扶伤，也是救人啊，也是英雄。"

　　　　在和爸爸妈妈讨论几次后，琪琪眼里的光芒逐渐消失。他不再和父母讨论自己的梦想，整个人蔫儿了下来，学习热情也下降了不少，甚至开始用"拖延"作为武器来默默反抗父母"强加"给他的关于医生的梦想。

（2）正确的表达方式。

正确的表达方式则表现为将自己的期望，通过鼓励、引导传递给孩子，最终孩子与父母的期望达成一致，而这个期望孩子通过努力也可以实现。这样的期望不但可以帮助孩子明确奋斗目标，还能增强孩子的自信心。

像琪琪这么大的孩子，关于未来的梦想会有很多个，而且经常发生变化。不论孩子的梦想是什么，梦想本身并不重要，重要的是梦想能不能鼓励孩子当下更加努力地学习，所以，我们没必要和孩子较真儿，打击他的士气。

在琪琪谈论自己想当消防员的梦想时，可以这么回答孩子："爸爸很高兴你有这个梦想，消防员很伟大，当消防员要掌握很多知识，还要有棒棒的身体。所以，你要努力学习、坚持锻炼身体，才能实现你的梦想。"

（3）错误的实施方式。

一是表现为过多插手孩子的学习或生活，这样的父母既费力又不讨好。其实，我们无须过多插手孩子的事情。想想看：

我们能教他一年级、二年级、三年级的学习课程，难道还能教他高中、大学课程吗？

我们能替孩子收拾衣服直到他高中毕业，难道还能跟在他身后为他收拾一辈子吗？

显然不能。总有一天，我们要放开牵着孩子的手，让孩子独立生活、独立学习。既然要放手，那么越早放手越好，越早放手孩子越能自己学会成长。

二是表现为父母的期望超出孩子的正常能力范围，并且因此过度鞭策孩子。虽然孩子可能会因为渴望得到父母的肯定而全力以赴，但孩子会因为长时间无法达到目标而自我否定、放弃，甚至身心受创。

安安是一名五年级的学生，特别乖巧、听话，在校学习成绩处于班级中上等。马上要上初中了，父母很焦虑，于是给安安定下学习目标，一定要考到第1名。

安安很听话，在父母的鞭策下学习明显比以前努力了，期中考试成绩出来了，安安从班级第15名考进了前5名，有了很大进步，安安的妈妈很高兴。但为了不让孩子过于骄傲，他们对安安的要求更加严格了，分析试卷时，劈头盖脸地就一顿骂："这道题根本不该错，这么简单！""粗心大意，明明可以做对的，怎么能看错题了，考试时都在想什么？"……

接下来，安安确实更加努力了，每天晚上学习到11点多，期末考试时安安非常紧张，害怕考不好。结果成绩还不错，他考了班级第 4 名。

　　安安的妈妈内心很满意，但她认为只有严格要求才能让安安再进一步，于是更严厉地批评他。同时，因为安安没考到第 1 名，所以取消了安安暑假旅游和玩乐的时间。在假期，每天都为安安安排了满满的学习、补习课程，希望安安在六年级时冲刺到第 1 名。

　　可安安渐渐变了，他变得沉默寡言、呆呆的。到了六年级下学期，安安不但没有考到第 1 名，成绩反而直线下滑到 20 名开外。安安哭着说："我永远考不到第 1 名，我不想去上学了。"之后生了一场病，随后孩子迅速消瘦了下来，医生说安安精神出现了问题，有抑郁的表现。

　　"文武之道，一张一弛"。在父母的逼迫下，安安那根"弦"一直绷得紧紧的，得不到放松的机会，取得了成绩也没有得到肯定与鼓励。由于一直没考到第 1 名，没有达到父母的要求，加之父母的逼迫，安安心里的那根"弦"断掉了，陷入了严重的自我怀疑、否定，最终垮掉，身心受创。

　　（4）正确的实施方式。

　　作为父母，我们需要做的非常简单，那就是多倾听、多肯定、多给孩子鼓励，帮助孩子树立"我能行"的信心，并期望他尽己所能去做。如果孩子没达到预期的目标和期望，也不要仅以学习成绩作为判断标准，而要多肯定孩子做事的过程中所付出的努力。

电影《摔跤吧！爸爸》中关于女儿吉塔要不要冲击冠军这个问题，有一段父亲和教练对吉塔说的经典台词。

教练："不要输得太难看。"

父亲："你不会输！"

教练："有些人注定不是打国际比赛的料。"

父亲："你输掉的，是你本应该赢得的比赛！"

教练："至少你要拿块奖牌。"

父亲："你注定是冠军！"

教练："现在你至少可以有一块银牌了。"

父亲："赢下金牌，你将成为印度的榜样！"

对于女儿比赛目标的设定，教练对吉塔的期望是"不要输得太难看"，后来吉塔赢了几场比赛后，他对吉塔的期望变成了"至少你要拿块奖牌"。

而吉塔的父亲一直鼓励女儿夺冠，并且坚定地相信吉塔一定能夺冠，给吉塔的期望值很高。在训练和比赛过程中，教练给吉塔的基本上是负面消极的指导，而吉塔在爸爸的信任、鼓励之下，一步步夺得了世界冠军！

　　生活中我们会接收很多心理暗示，这些暗示有的是积极的，有的是消极的。父母是孩子最信任、最依赖的人，也是给孩子施加心理暗示的人，简单来说，就是父母对孩子的影响力巨大。如果父母长期给孩子消极、负面的心理暗示，那么，孩子的情绪就会受到负面影响。相反，如果父母对孩子寄予厚望、积极肯定，经常给孩子期待的眼神、赞许的笑容、激励的语言、温暖的拥抱，经常激励孩子，那么，孩子会更加自信强大。

知识小课堂

罗森塔尔效应

　　美国心理学家罗森塔尔曾做过一个试验：他把一群小白鼠随机分成A组和B组，并且告诉A组的饲养员说，这组小白鼠非常聪明；同时告诉B组的饲养员说他这一组小白鼠智力一般。几个月后，教授对这两组的小白鼠进行穿越迷宫的测试，发现A组的小白鼠竟然比B组的要聪明，因为它们能够先走出迷宫并找到食物。

　　罗森塔尔教授受到启发，他来到了一所普通中学，在一个班里随便地走了一趟，然后就在学生名单上随意选了几个名字，告诉他们的老师说："这几个学生智商比较高，非常有潜力。"

　　过了一段时间，教授又来到这所中学，奇迹又发生了，那几个被他选出的学生现在真的成了班上的佼佼者。这就是心理学上著名的"罗森塔尔效应"。

3. 不要轻易否定孩子

在和孩子互动过程中，有时为了让孩子按我们的想法快速完成某件事，我们很容易忽略孩子本身的感受。

孩子磨蹭着不出门，不想去上学。家长脱口而出："别的小朋友都去上学，你不上学想干什么？想以后睡大街吗？快点儿走，要迟到了！"

孩子喝汤慢，说烫。家长不耐烦："哪里烫了，快点儿喝！"

孩子晚上不敢一个人去卫生间，说害怕。家长："不怕，有什么好怕的！这都怕，胆子也太小了，快点儿去！"

孩子磨蹭着不穿鞋，说鞋子难看，家长："多好看啊，哪里难看了！赶紧穿上。"

如果父母试图通过打压的方式否定孩子的感受与情绪，让孩子屈服，这种做法在孩子年龄比较小的时候可能会有效，因为这时的孩子会认为父母说的话都是对的，即便觉得不对也无力反抗。但随着孩子年龄的增长，这会让孩子觉得自己是不被爱、不被关心的，导致孩子采取哭闹、摔东西、拖延等方式来反抗；要么屈服，觉得自己的想法不重要，渐渐忽略自己的想法，变得没有主见，遇事唯唯诺诺。

4. 认真聆听，了解并尊重孩子的真实想法

知识小课堂

霍桑效应

1924 年，哈佛大学心理专家梅奥带领研究小组到了经营电气的霍桑工厂，试图通过给工人增加休息时间、提高薪资等外在条件，来提高工人的工作积极性。然而，无论这些条件如何改变，工人的生产效率一直没提上去。

后来，这个工厂请来很多专家，在两年的时间内找工人谈话两万余人次，耐心听取工人对工作、工厂管理方面的意见，让他们尽情地将抱怨宣泄出来。结果，霍桑工厂的工作效率得到了极大提高。这种现象就是心理学上著名的"霍桑效应"。

"霍桑效应"告诉我们：如果想要孩子配合父母，父母得先走进孩子的内心，了解孩子的想法、包容孩子的情绪，这也是尊重孩子的第一步。

孩子在学习、成长的过程中难免会有困惑或不满，我们首先得学会把孩子放在平等的位置上，不要急着去命令孩子该怎么做，也不要着急否定孩子，无论孩子的想法是否正确，是否荒谬，先认真倾听孩子的想法，接纳孩子的情绪，避免简单随意地否定或嘲笑他们。"你怎么这么慢""你快点儿，天天磨磨叽叽的"这样的话起不到任何正面作用，无法帮助孩子解决问题。

在和孩子沟通过程中，尽量少说多听，认真聆听孩子的想法。在聆听的过程中，多用半开放式和引导性问题，耐心地引导孩子说出来。比如：

"你当时在做什么？"

"你是怎么想的？"

"你的感受是怎么样的呢？"

"你有解决的办法吗？"

"如果是我，我觉得可以……"

"明天如果再有这种情况，你愿意这么做吗？"

"其实你可以试试……"

"真的很难呢，那不妨这样……，你觉得怎么样？"

鼓励、引导孩子讲出内心真实的感受，讲出生活、学习中的困惑，讲出对父母、学校、老师和同学的不满等，不论孩子讲得对不对，提的建议是否可行，我们首先要鼓励孩子大胆地说出来，让孩子把积压的情绪宣泄出来，只要能让孩子做到这一点，亲子沟通就成功了一大半。

5. 认同孩子的感受，表达自己的观点，引起孩子的共鸣

孩子讲出自己的想法和感受后，我们要给予积极的回应，认同孩子的感受。比如，批评孩子拖延，让他改掉这个坏习惯时，如果孩子不接受，可以这样问："在你看来，我想要你吃饭快一点儿、写作业快一点儿，你感觉我不问缘由就天天催你，所以你很不开心，是吗？"

接下来和孩子说明自己为什么要这么做，告诉孩子原因。也可以跟孩子讲讲自己小时候类似的经历和故事。比如：

> 妈妈小的时候做事也是慢吞吞的。
>
> 有次吃饭，大家都吃完了我还没吃完，你外婆就把饭菜都端进厨房，不让我吃了，我都没吃饱。下午上学就饿肚子了，当时我特别生气，觉得外婆太坏了，一点儿都不顾及我的感受，为什么就不能在吃饭时等等我？
>
> 后来，你外婆说："我不能惯你这些坏毛病。你看院子里的那棵小树，它要想长成高高的大树，现在就得把它树干上发的小杈不断砍掉，这样才能保证树干长得又高又直，长成参天大树。你现在就是小树，拖延这样的毛病就像树干上的小枝杈，只有不断砍掉，你才能像小树那样，长成大树。"

6. 和孩子详细说明事情的前因后果

孩子对陌生事物有好奇心是正常现象，如果父母试图用一句"不行"制止孩子，反而会将孩子的注意力转移到这个事物上，这时就会产生"潘多拉效应"。"潘多拉效应"指的是在没有完善的解释的情况下，一味地禁止反而会让人们对该事物更加具有好奇心。这时这个事物对他们来说就会有比之前更加强烈的吸引力，让孩子不断想要关注它、开启它，于是就会反其道而行。

因此，当我们要求孩子做什么或不做什么时，要清楚明白地告诉孩子原因，以及可能产生的后果，否则结果可能适得其反。

7. 在良好沟通的基础上，赢得孩子的合作

美国心理学家简·尼尔森在《正面管教》中提道："在纠正孩子的行为之前，先要获得孩子的心。"有了上述六步，基本上可以让孩子打开心扉，走进孩子心里，这是赢得孩子合作的基础。

有了合作的基础之后，接下来让孩子聚焦、关注当下要解决的问题。关于问题要如何解决，我们不需要高高在上地给孩子下达指令，可以采取引导的方式：一是让孩子主动思考如何解决，自己主动找办法；二是对孩子思考不全面之处给予建议和补充。比如：

"对于这个问题，你打算怎么做呢？"

"如果这么做，会有什么样的后果？"

"如果产生了这样的结果，你觉得能接受吗？"

"如果以后再遇到类似的问题，你有什么想法？"

如果孩子没有找到好的解决办法，父母可以提出一些建议，直到与孩子达成共识。

Part2

孩子常见拖延行为
及战拖对策

04
缺少时间观念

☆ ✦

"孩子做事总是随心所欲、拖拖拉拉"

阳阳刚上一年级，阳阳的妈妈特别关注他在学校的表现。

一次家长会后，阳阳的妈妈和班主任聊起阳阳在学校的表现。班主任说："阳阳这个孩子挺聪明的，也很乖。只是做事情有点慢，布置的随堂作业很多时候完不成，有些拖延。"

妈妈很重视这个问题，特意找了个时间和阳阳聊天，问阳阳："老师布置的随堂作业为什么在课堂上完不成啊，是太难了不会做吗？"阳阳骄傲地回答："才不是呢，我都会做，妈妈你可不要小看我。"

妈妈："是不喜欢写作业吗？"

阳阳："没有啊，我愿意写作业。"

妈妈："那为什么在课堂上完不成呢？"

阳阳不能理解："为什么一定要完成啊？我可以晚上回家

做呀。"

妈妈："可是，老师要求随堂作业要在课堂上完成呢。"

阳阳："老师说第二天交上去也可以啊，我第二天都会交上去的。"

妈妈无话可说。

阳阳的妈妈特意观察阳阳上学的情况，发现孩子赖床不愿意早起，吃早餐也慢腾腾的，总是拖到最后几分钟甚至上课铃响了才到学校。

放学回家，阳阳习惯先吃点水果、喝点水，玩一会儿、休息一下。晚饭后，阳阳和爷爷到楼下去遛弯儿了，理由是"吃过饭得散散步、消消食儿"。就这样1个小时过去了，回家时差不多快8点了，这才开始写作业。

写完作业后，还要再玩一会儿，然后洗漱、读睡前绘本等，等到睡觉时已经晚上10点多了。

阳阳的妈妈这才意识到，孩子在无意之间已养成了拖延的习惯。

阳阳出现作业晚交、上学迟到、晚上回家要玩很久才写作业等现象，一开始阳阳的妈妈以为这是因为孩子不喜欢学习，后来通过连续观察发现，这是阳阳缺少时间观念，时间知觉还不敏锐导致的，在上述现象中阳阳并没有意识到自己是在拖延。

⊙ 导致孩子拖延的因素：时间感知力

孩子对时间有一种天生的"感知惰性"，也就是说，在孩子眼里，时间仿佛是不存在的，他们对时间的感知力与掌控感比较弱。比如：看电视，"再看 10 分钟"，结果一看就是半小时；说好了 7 点开始写作业，结果磨蹭到了 8 点还不写。

"1 分钟、10 分钟、半个小时……"这种对于成年人来说简单易懂的时间认知，对于孩子来说则是非常抽象、难以理解的。他们既不明白"马上"有多快，也不理解"10 分钟""8 点 10 分之前"是什么意思。所以，如果我们只告诉孩子"10 分钟内必须吃完饭"，他可能并不能准确接收到我们要传达的信息。

时间感知力是对事情发生的前后时间顺序和时间持续长短的直觉反应。孩子的时间感知力不是天生的，而是随着孩子年龄的增长、生活经验的累积和认知能力的提升，逐步发展起来的。

心理学家认为，孩子的时间知觉一般是在 3 岁左右开始萌芽。在幼儿园时，孩子的时间知觉是从早晨是起床的时间、去上学是吃过早饭的时间、上午是午饭前上课的时间、中午是午睡的时间、下午是午睡后上课的时间、晚上是放学回家后……这些简单的认知中逐步培养出来的。

到了小学以后，孩子 1 天的课程安排得非常紧凑，孩子的时间知觉会迅速发展。最先掌握的是"一节课"的时间和课间休息的时间，然后是 1 天、1 星期和 1 个月，并逐渐理解 1 小时和 1 天、1 天和 1 个星期之间的关系。苏联心理学家研究发现，小学阶段的孩子对 1 分钟时间的估计，一般是少于 1 分钟的，随着年龄增长，正确率会逐渐提高。

简而言之，对于孩子来说，时间既抽象又难懂，非一朝一夕就能理解透彻。所以，即使我们苦口婆心劝孩子抓紧时间，也可能是在"对牛弹琴"，收效甚微。

下面这些行为，是孩子缺乏时间概念的常见表现：

· 混淆早上、上午、中午、晚上等概念；

· 不能准确地认识钟表上的时间；

· 不清楚 1 分钟、10 分钟、30 分钟、1 小时等时间大概有多长；

· 早上起床慢，吃饭时间长；

· 整理书桌、收拾玩具时，不催促可以持续很长时间；

· 玩起来就把所有的事情抛于脑后，无法控制自己玩的时间；

· 洗漱、刷牙等需要反复提醒、催促；

· 到晚上睡觉时间不愿意睡，总是一拖再拖；

· 放学回家先玩耍后写作业，玩的时间控制不好，经常熬夜写作业。

◌ 对策：帮助孩子学会时间管理

培养孩子的时间管理能力，越早越好。越早开始训练孩子，见效越快，做父母的就越轻松，不用催也不用吼。3 ~ 12 岁是培养孩子时间管理能力的关键年龄段，如果在这一时期引导孩子进行时间管理能力训练，让孩子养成高效的时间管理能力，孩子的一生都是受益无穷的。

根据孩子的时间知觉能力的发展规律，我们可以分三步来培养孩子的时间管理能力。

1. 教孩子掌握时间的基本概念

初生的婴儿是有一些基本的时间概念的，他们会根据妈妈安排的时间作息，养成睡觉、吃奶、醒来的时间规律，从而形成自己的生物钟。

孩子三四岁时，有了基本的时间知觉，父母可以给孩子制作一个玩具钟，让孩子自己拨动指针玩耍，让孩子逐渐感知到时间的存在，相当于给孩子做一些早期的"时间启蒙"。

孩子五六岁时，在孩子上小学前带孩子去买一个小闹钟，让他自己选一款他喜欢的款式，这样他对闹钟会更感兴趣。正式教孩子学习认识钟表，认识秒针、分针、时针，了解1秒、1分钟、1小时等基本时间单位，学习认识时间，了解时间的基本概念。

如果说孩子早期"时间启蒙"可以不做，那么教孩子认识钟表这件事，建议一定要做。因为上小学后，学校的时间管理非常严格，上学不能迟到，课间休息时间是固定的，让孩子早早地认识时间，能帮助他更好地适应小学生活，也有利于培养孩子的时间管理意识。

为了让孩子更简单地了解时间，可以给孩子讲一个关于"闹钟三兄弟"的小故事。

在故事开始前，先准备一个闹钟，然后问孩子："你知道什么是时间吗？""你能看到它吗？""你能抓到它吗？"……

引起孩子的兴趣后，再接着给他讲："时间公公是个调皮的小精灵，它有一种神奇的魔法，就是'隐身'。我们既看不到它，也摸不到它，但是你的小闹钟很厉害，它可以捉到它，让时间小精灵不能再'隐身'。"

接下来，就拿着小闹钟给孩子讲闹钟的故事。

"小闹钟里住着三个兄弟，他们负责捕捉时间精灵，破解时间精灵'隐身'的魔法，让我们可以看到时间。三个兄弟中，老大叫时针，负责管理'小时'；老二叫分针，负责管理'分钟'；老三叫秒针，负责管理'秒钟'。他们非常敬业。你看，最小的弟弟秒针最勤快，它一刻不停地跑步，每跑一步就是 1 秒钟，每跑一圈就是 1 分钟。它跑完一圈时，老二分针才会跑一步，意思是 1 分钟过去了。等老二也跑完 1 圈时，老大时针就会走 1 个小时。"

除此之外，也可以利用沙漏帮助孩子认识时间。现在很多餐厅在上菜前会在桌上放一个沙漏，提示沙漏里的沙子流淌完之前把菜上齐。我们可以利用这段时间，和孩子一起观察沙漏，告诉孩子沙漏一点点流淌代表着时间在流逝。

和孩子沟通时，多和他提时间，以此培养孩子自己学会看时间的习惯。比如：

"你们是8点30上课，现在是8点，路上需要10分钟，我们现在可以出发了。"

"现在是12点，准备开饭啦！"

"现在是下午6点，我们6点半吃完饭后，一起去散散步吧？"

"宝贝，帮我看看你的电话手表，现在是几点了？"

"我们现在一起看10分钟动画片吧！"

把时间融入孩子的生活中，帮助孩子认识到时间是他一天生活、学习安排的重要工具。那么，他接受时间概念会更快，对时间也会有更多、更清晰的认知。

孩子六七岁时，可以教孩子使用计时器，让孩子理解1分钟、10分钟、1小时等大概是多长时间，这样做事时会有基本的时间概念。

除此之外，也可以和孩子做些与时间有关的小游戏，比如：

和孩子玩计时小游戏。比如计时1分钟跳绳、计时5分钟算数等。

和孩子玩设定完成任务期限的游戏。比如在多长的时间里收拾好自己的玩具、多长时间内完成作业等。如果孩子不感兴趣，可以以比赛的方式进行，和妈妈比赛在多长时间里刷好牙、穿好衣服等。

2. 帮助孩子制订时间计划

随着年龄增长、学习要求的不断提高，孩子七八岁时需要掌握时间管理的基础方法，以应对生活、学习中的问题。其中，最有效的方式是学会合理分配时间，做作息时间计划表。只有科学合理地把规则制定好，把作息时间固定下来，孩子才能够清晰地认识时间，养成良好的作息习惯。在固定的时间段内学习，这样的习惯养成后，能促使孩子学习时带有一定的紧迫感，进而集中注意力，提高学习效率。

此外，还要想办法调动孩子的兴趣，鼓励孩子定时、定点去完成某件事，这么做也有益于孩子专注力的培养。

最后，请注意：作息时间计划表做好后，我们一定要鼓励孩子按计划执行，不要随意变动。

> 阳阳的妈妈在和老师沟通后，决定以做时间计划表作为解决孩子"拖延症"的第一步。
>
> 妈妈邀请阳阳一起安排每天的作息，做了《阳阳一周时间表》（见图 3）。

阳阳一周时间表

	星期一至星期五	星期六	星期天
7:00	起床		
7:10—7:30	晨读20分钟		
上午	上学	9:45—10:30 钢琴课	9:00—11:00 英语培训
下午	上学	14:00—16:00 书法培训	15:00—17:00 去图书馆或自由活动
17:30—18:00	晚饭		
18:00—19:00	练钢琴		
19:00—20:30	写作业 19:00—19:10 作业前准备（喝水，上厕所，准备好作业本、笔、书、橡皮等） 19:10—19:40 语文作业 19:40—20:00 数学作业 20:00—20:15 英语背诵，写英语作业 20:15—20:30 预习明天课程		
20:30—21:00	阅读		
21:00—21:30	亲子聊天或自由活动		
21:30	睡觉		

图 3　阳阳一周时间表

　　时间表做好后就被贴在了阳阳的学习桌前，接下来是执行计划。每做完一件事，就在后面打一个钩，勾到阅读的时候，孩子就知道接下来就是他最爱的自由活动时间了。如果他玩得不亦乐乎忘记时间，妈妈就会指着小闹钟提醒："我知道你还想玩一会儿，不过现在到了睡觉时间。我们再玩5分钟就睡觉，好吗？"

在执行过程中，阳阳有时也会哭闹着反抗，也会遇到很多突发问题不得不临时改变计划。此时，父母要有耐心，和孩子进行及时的沟通。

有人会说："我辛辛苦苦为孩子做了时间计划表，结果孩子对时间表完全没兴趣，根本就不买账。"这个可以理解，给孩子制订时间计划表，要孩子按计划表按部就班地去做事，相当于给自由惯了、活泼爱玩的孙猴子戴上了一个"紧箍"。试想，有哪个孩子会心甘情愿地接受呢？

如果能够注意避免以下几个误区，孩子会更容易按时间计划表执行。

误区（1）：计划由父母制订。

以孩子为主执行的计划一定要让孩子亲自参与制订，不能完全由父母来决定。在孩子还没有能力独立制订计划前，父母可以在和孩子充分沟通的基础上，征求孩子的意见、尊重孩子的想法，并加以巧妙引导，让孩子参与制订的过程。这不但有助于让他更深入地了解自己每天的时间是如何规划的，也能让孩子主动按时间表去执行。比如放学回家后是先写作业还是先弹钢琴，周末如何安排自己的时间，如何规划好学习、运动、阅读等，完全可以由孩子自己做主，以此锻炼孩子掌控时间的能力。如果孩子不愿意按时间表去做，时间表做得再完美也是废纸一张。

误区（2）：计划安排得太满。

很多父母常有这样的念头："学校减负，孩子的作业那么少，回到家总是玩，我得给他报个兴趣班或者买点练习题才行。"于是，除了要完成老师布置的作业，孩子还要完成父母布置的作业，参加各类兴趣班，几乎没有自由玩耍的时间，这会让孩子对计划的抗拒性非常大。

一次周末，我去好友家做客，一进门就发现好友和她老公正在辅导儿子晨晨写作业。在随后的聊天中，好友一直向我吐槽晨晨："现在的孩子简直太不省心了，都快三年级了，让他学个习跟打仗似的，一点儿都不积极，拖拖拉拉，再辅导个几年可能会得心脏病……"

后来，趁朋友去做午饭时，我走到晨晨身边和他聊天，问："晨晨，你为什么不把作业赶紧写完呢？反正都要写，早点儿写完还能有时间去玩，你这样拖着，不是在浪费自己的时间吗？"

晨晨回答："阿姨，我的作业是做不完的。我完成老师布置的作业后，还要写妈妈给我安排的语文练习题、数学练习题、英语口语训练，这些全部写完后还要弹1小时的钢琴，完成30分钟的阅读。就算我都完成了，妈妈还会想出新的作业。反正写不完，我就拖着不写。等到睡觉了，剩下的就可以不用做了。"

我惊呆了，这简直是"上有政策，下有对策"啊！后来，我了解到不仅晨晨有这样的想法，绝大多数孩子都有这种想法：作业写得越快，妈妈布置的作业就会越多，既然这样，不如慢慢做。

爱玩是孩子的天性，孩子在玩耍、运动的过程中会不断提高自己的大脑思维，增进肢体协调能力，提升对自然的认知和社交能力。如果一天的时间都被学习填满了，孩子心里肯定很不情愿，但又迫于"父命难违"，自然而然就想出了磨蹭的招数来反抗，对学习的兴趣也不断下降，更不会珍惜时间。

解决这一问题的方式之一就是不要把计划排得太满，如果孩子能提前完成计划，就把多出的时间还给孩子，并告诉他："你提前完成计划了，多出来的时间你可以做自己喜欢的事。"孩子成为自己时间的主人，他就会有机会锻炼掌控时间的能力。

误区（3）：任务要求过高。

乐乐平时写作业磨磨蹭蹭，基本上需要两三个小时才能写完。妈妈给他制订的计划是1个小时完成作业。理由是"这么简单的作业，如果认真写的话半小时就能写完，1个小时足够了"。

执行计划的第一天，乐乐比平时认真很多，用2个小时完成了作业。第二天，他仍旧认认真真地完成了，结果还是用了将近2个小时。到第三天，他就开始"自暴自弃"了，无论如何都不愿意再按计划表执行了，说："根本完不成，我不喜欢这个计划表！"

"心急吃不了热豆腐"，在父母眼里半小时可以写完的作业，对于乐乐来说，确实需要2个小时，而且完成作业的时间从3个小时缩减到2个小时，这已经是非常大的进步了。所以要根据孩子的实际情况制订计划，乐乐妈妈可以先把计划时间调整为2个小时完成，经过几个月的练习，等乐乐有能力1个小时完成时，再重新调整计划为1个小时完成。

简单来说，就是不要制订超出孩子能力范围外的计划，根据孩子的实际情况，制订让孩子"跳起来能够得着"的计划。

误区（4）：没有明确的完成时间。

如果一个计划表没有明确到几点几分要完成，那它就不是一个完整的计划，执行效果也会大打折扣，尤其是孩子习惯卡在截止时间前才会全力突击冲刺。如果任务量非常大呢？前期拖的时间过长、"欠账"过多，最后突击也难以完成，该怎么办呢？是不是意味着计划要拖延了？

为了更好地执行计划，在制订计划时不但要有明确的时间节点，还要把计划分成若干个小阶段，每个小阶段都制定一个完成时间节点，这样更有利于孩子顺利完成计划。

3. 引导孩子自主管理时间

9岁后，孩子的自我意识会进一步增强，很多孩子开始有了自我独立的需求，学习也变得有目标感，不再只是为了完成父母的要求。这种目标感的出现，预示着孩子有了做长期时间规划和短期时间计划的需求。父母可以尝试教导孩子更深一步地了解如何合理分配时间，放手引导孩子独立制订计划，学习独立管理自己的时间。

孩子学会独立制订合理计划的前提，是分清事情的轻重缓急，知道什么是当下最要紧的事情。

在这里，我们可以用一种简单有效的方法——"四象限法则"（见图4）。它促使人把主要时间和精力放在重要的事情上，而且这个方法简单易学，完全可以用来帮助孩子合理安排自己的学习和生活。

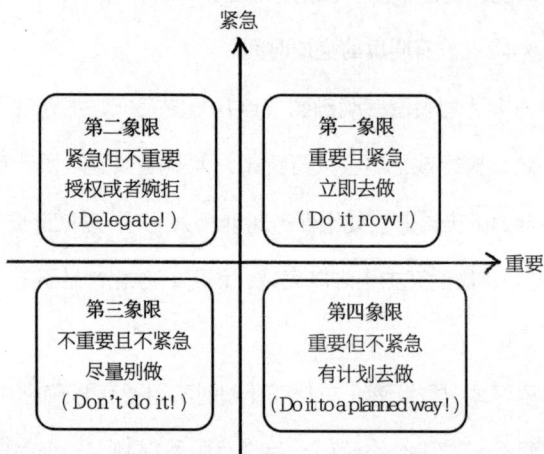

图 4　四象限法则

先用"十"字把要做的事分成四个区域，并按紧急、不紧急、重要、不重要的排列组合定义为四个部分（象限）。

第一部分：紧急且重要的事情。这类事情无法回避也不能拖延，比如老师布置的作业，必须在规定的时间内完成。

第二部分：紧急但不重要的事情。比如到楼下取快递、打印第二天要交给学校的核酸证明等，这类事情可以请父母或他人代劳。

第三部分：不重要且不紧急的事。比如刷视频、发呆、游玩，这类事情在其余三部分事项没有完成前尽量不要做。

第四部分：重要但不紧急的事。比如阅读、练琴、跑步等事项，可以安排在固定的时间坚持做。

具体如何操作呢？首先，父母先指导孩子如何分析事情的轻重缓急。其次，再把事情的完成顺序逐一梳理清楚，合理地规划好时间。最后，再逐渐放手让孩子自己思考如何给事情分类，抓住重点，少做无意义的事情，从而达到提高效率的目的。

比如：这个周末该如何度过？玲玲的妈妈引导玲玲使用四象限法则进行规划。

1. 重要且紧急的事

每个周末必须完成的作业或课程。

●参加美术培训班、钢琴培训班。

●完成老师布置的作业。

●完成每周数学、语文、英语单元练习题。

2. 重要但不紧急的事

玲玲希望这周能参加的两个活动。

●和爸爸一起去滑雪。

●和小伙伴去公园采集树叶标本。

3. 紧急但不重要的事

●天气变热，和妈妈去商场买一条新裙子。

●买新的画画工具。

4. 不重要也不紧急的事

●和妈妈一起去超市采购。

●和爸妈一起去看新房子装修进度。

平时周末没有滑雪、采集标本这两项活动，为了能参加这两项活动，玲玲做了如下调整：

首先把第3项"紧急但不重要的事"委托妈妈帮她做，第4项则选择不参加；第1项重要且紧急的事，提前和美术老师沟通，调整了上课时间，利用周五、周六晚上的时间去完成，这样就能确保既能完成第1项的事，也能完成第2项的事。

通过这种训练，玲玲非常积极主动地想办法提高效率，既完成了任务也达成了她自己的目标，皆大欢喜。

如果孩子从小就懂得合理规划自己的时间，那么长大之后也会合理规划好自己的生活，在处理生活事务方面也会变得更加得心应手。

05
注意力不集中

✦

"写作业时三心二意，磨蹭半天写不了几个字"

小雨6岁半，读小学一年级，虽然对小学生活适应得很好，但他写作业总是拖拖拉拉。放学后回到家，好不容易从"疯玩"中收心，坐下来开始写作业，结果还没写几个字就开始"作"了。

小雨："妈妈，我渴了，想喝水。"

五六分钟后，"妈妈，我的橡皮到哪儿去了？"

过一会儿，妈妈发现他用铅笔在橡皮上扎洞洞玩。

20分钟后，小雨又跑去了卫生间。

…………

两个小时后。

妈妈："你在书上画什么？"

小雨："小鸟啊。"

妈妈："作业写完了吗？"

小雨："没有。"

明明半小时就能完成的作业，小雨往往需要花两三个小时才能完成，天天催促批评也没什么效果，这让小雨的父母感到非常头疼。

⊙ 导致孩子拖延的因素：专注力

像小雨这种写作业拖拖拉拉的情况很常见，尤其是在小学一二年级的时候特别突出。我们不能简单地判定这是因为孩子不爱学习，故意拖着不想写作业，其实这种现象反映的是孩子专注力不足，注意力难以集中。

专注力可以简单地理解为集中注意力、维持注意力的能力。专注力好的孩子可以把视觉、听觉、触觉等感官集中在某一事物上，达到深入认识或持续做一件事情的目的。经常有父母抱怨："这孩子屁股上是长钉子了吗？怎么就坐不住呢？""做什么都三分钟热度！"这往往是孩子缺乏专注力的表现。

但也有一些父母认为自家孩子的专注力没有问题，"虽然孩子平时坐不住，但看动画片时就很专注啊，一坐就是一两个小时，我看他平时就是爱玩，不想好好学习。"从心理学角度来看，专注力有主动和被动之分。当事件的进行需要人的思维来推动发展的时候，比如孩子上课、学习、画画等，能够主动把握事件的进度与节奏，这是主动专注力。相反，当事件的发展不被人的主观意志所左右，而是按照一定的自然规律发展，这时人作为事件的"跟随者"，就会变成被动专注。比如孩子在看电视、玩手机时表现出的专注和坚持，其实是被电子屏幕的声光、画面所吸引，在这个过程中孩子是被动的跟随者。

如果孩子写作业时三心二意，磨蹭半天也写不了几个字，却能长时间坐着看电视，这说明孩子的学习专注力较差。我们要关注和提升的是孩子的主动专注力。

有一次，甜甜的妈妈向我抱怨："甜甜都二年级了，一张 30 分钟就能做完的单元测试题，她能写 2 个多小时。常常就是拿着笔坐在那儿发呆，我问她想什么呢？她说没想什么啊，就是走神儿了。你说她的成绩怎么能提得上去啊！"

孩子的专注力不是天生的，需要后天的培养，是一个持续且坚持自控的状态。以下五个方面会影响孩子的专注力。

1. 不同年龄专注力强弱不同

对于成年人来说，专注力可以保持 25 ~ 35 分钟，一般来说，最多可以维持 90 分钟，具体时间长短因人而异、因事而异。大脑中负责理性思考、专注、执行能力的是前额叶皮层，一个人的前额叶皮层在 17 岁时会达到发育高峰，到 25 岁左右完全发育成熟。由于前额叶皮层发育不成熟，孩子年龄越小，专注时长越短。而随着孩子年龄的增长，身体逐渐发育完善，孩子的专注力就会逐渐增强，做事情也会较少受到外界的打扰了。

儿童心理学认为，孩子注意力持续的时间是孩子年龄的 2 ~ 3 倍。也就是说，5 岁左右孩子的注意力可持续 10 ~ 15 分钟，6 岁左右孩子为 12 ~ 18 分钟，10 岁左右孩子为 20 ~ 30 分钟；12 岁左右孩子为 24 ~ 36 分钟。孩子的年龄越小，注意力的稳定性和持久性就越差。因此，低年龄段的孩子很容易受到外界的干扰，孩子做起事情来不像成年人那么专注、高效。

2. 生活环境的干扰

3 ~ 6 岁是孩子专注力发展的敏感期，长辈的一些言行可能会无意识地破坏孩子专注力的发展。

比如：

孩子在专注地玩玩具，妈妈走过来问："你在玩什么呀？"

孩子在很认真地看绘本，父母不时地走过来说："饿不饿呀？""喝点水吧！""吃点水果吧！"

孩子在开心地涂鸦，父母突然走过来问："宝贝，你在画什么呢？"

孩子在写作业，父母总爱在旁边看着，不时提醒："离得太近了，抬起头，这样下去会近视。""腰不要弯。""不要擦得这么用力，作业本都要擦破了。""这里写错了。"……

孩子天生拥有旺盛的好奇心，很容易被其他事情吸引。孩子在专心写作业时，如果父母在旁边聊天、做事或者是刷手机，这些行为总会发出一些声响，孩子放在作业上的心思就会被这些声响所吸引，会很好奇：爸爸妈妈在讲什么啊？他们在做什么？在看什么视频？视频里人怎么笑得这么开心啊？……显然，比起枯燥的作业，这些要有意思多了。这些场景相信父母们都不会感到陌生，正是这些常见的行为破坏了孩子的专注力。

心理学上有一种现象叫"高峰体验"，指的是人在做事时达到的最佳状态，是人在进入自我实现时所感受到的一种非常愉悦的体验。外界的打扰会减少孩子高峰体验的机会，在干扰消失的瞬间，人无法立刻恢复到满负荷运转的认知状态。也就是说无论孩子还是大人，在专注做事时，如果突然被打断，那么需要花很长时间才能重新进入学习状态。比如同样是学习 1 个小时，如果中间有 1 分钟的干扰，可能就要多付出超过 10 分钟的时间成本来恢复到干扰前的投入状态。可见，干扰持续的时间再短，被打扰的人因干扰而付出的时间成本也会很高，这种专注过程中的不断干扰，会让孩子失去深度学习的机会与能力，也会在无形中损害孩子专注力的培养与保持。

3. 对学习或要做的事情不感兴趣

兴趣是最好的老师。当一个人做自己喜欢的事情时，很容易全神贯注。而当面对无聊或不喜欢的事情时，即使想努力完成也很难长时间保持专注。孩子更是如此，当孩子对要学的知识或要做的事情不感兴趣，但迫于压力不得不学时，他们一般会找一切机会溜号或玩，这种情况下拖延也自然出现。

4. 电视、手机等电子产品破坏孩子专注力

电视、手机以及电子游戏等，以持续快速运动的影像、缤纷的色彩和图像、引人遐想的音乐或声音吸引孩子的注意，但这种因为外界刺激调动起来的被动注意力，会影响大脑的自觉注意力。与这种不用动脑的视觉、听觉"盛宴"相比，听老师讲课、阅读、写作业等需要花费大量脑力的事情会显得非常枯燥乏味。

美国华盛顿大学试验表明，如果孩子长期观看、使用电子产品，所带来的最直接的伤害就是注意力发生缺陷和障碍；如果不能集中注意力，就不能专心地学习，进而影响独立思考的能力，学习时自然会拖延。

5. 身体缺乏微量元素或者睡眠不足等生理原因

孩子处于生长发育阶段，其健康成长离不开钙、铁、锌等各种微量元素的摄入与及时补充。有时孩子注意力不集中，可能是因为体内缺乏微量元素，其中缺锌的主要表现之一就是孩子好动、坐不住。

另外，睡眠不足也会影响专注力。儿科睡眠研究人员玛丽·卡斯卡顿博士说："生命金字塔的基座，就是睡眠。"好睡眠是一切活动的基础。如果孩子缺少睡眠，就会像电脑待机时间过长或加载文件过多导致超负荷运转，电脑会卡顿，人的大脑和身体也会吃不消，

导致注意力无法集中。

下面这些行为，是孩子专注力差的常见表现。

· 上课时难以集中注意力，眼睛不会跟着老师走，对于老师课堂上讲的知识一知半解、充耳不闻。

· 上课时会有很多小动作，比如玩铅笔、玩橡皮、玩课本、玩手指等。

· 好动、坐不住，或者坐着总是动来动去。

· 容易分心散漫，做事"三分钟热度"。

· 爱走神、发呆或东张西望。

· 做事无精打采、马马虎虎、心不在焉，经常犯同样的错误。

· 做事有始无终，常常半途而废或草草结束。

· 对父母的指令心不在焉，似听非听。

· 学什么都静不下心来，经常"东一榔头，西一棒槌"。

· 考试时，经常因为粗心、分神导致看错题、漏字、跳行，影响成绩。

· 写作业三心二意，本来只要半小时就能完成的作业，可能需要一两个小时。

· 丢三落四，如忘了学习用品放在哪里，不知道老师布置的作业，有时还会出现忘带课本的情况。

· 无论在什么场合都很难安静下来，干扰大人的交谈活动。

· 走路时不听劝阻，经常毫无目的地乱闯乱跑。

◯ 对策：提升孩子专注力的方法

如果孩子专注力不足，可以通过训练来改善和提升。下面介绍几种提高孩子专注力简单易操作的方法。

1. 孩子在玩或做事时，家长要控制住自己不要去打扰

我们要允许孩子有独处的时间，有一个相对安静的空间以保证他能自己玩或做事，这时家长尽量不要去打扰。这个"不打扰"从孩子两三岁就可以开始，无论孩子是在画画、看书，还是在玩游戏，父母都不要去打扰，就算孩子需要停止游戏了，也应该先让他"玩完这一局"，然后再安安心心地去学习，而不是声色俱厉地要求孩子立刻关掉游戏，让孩子带着失落、不开心的情绪投入学习。

最后，再强调一遍，父母要做的其实很简单，就是在孩子专注做事的时候，尽量控制住自己不要去打扰他。父母的不打扰，就是对孩子专注力最好的保护。

2. 帮助孩子减少外界干扰因素

孩子好奇心旺盛且意志力较弱，很容易被外界事物干扰。当孩子在做一件事情时，如果他周围的环境特别嘈杂或者有诱惑他的玩具、零食，孩子就很容易转移注意力。这时就需要父母帮助孩子提前排除可能的干扰因素，为他提供一个相对安静、"干净"的环境，这对培养孩子的专注力非常有帮助。

当然，凡事都有一个度，太过于封闭或者绝对安静的环境对孩子也不好，长时间封闭、绝对安静的环境会让孩子趋向封闭，一旦有一点儿动静，他就很容易被惊扰，"抗干扰能力"不强，也容易造成注意力不集中。中国乒乓球队参加奥运会备战前，会对即将参加比赛的运动员进行抗干扰训练，就是在训练场上不间断地播放球迷的呐喊助威声，让选手在这山呼海啸般的噪声干扰下体验真实比赛时的感觉。这就是为了增强选手在比赛时的"抗干扰能力"。

　　小雨的妈妈发现导致小雨拖延的一个因素是外界干扰影响他的专注力。写作业时，小雨往往会被喝水、上厕所、找橡皮、削铅笔等事情打断。每次打断后，他都需要花一定时间才能重新进入写作业状态，非常浪费时间。

　　因此，小雨的妈妈在制定时间表时和小雨商量："小雨，我们在写作业前先把喝水、上厕所都完成，然后再削好铅笔、准备好橡皮，把这些影响你写作业的'小妖怪'都打败，最后再开始写作业的'西天取经'之旅，好吗？"

　　小雨非常喜欢《西游记》，崇拜孙悟空。妈妈把上厕所等这些小事比喻成"小妖怪"，把写作业比喻成"西天取经"，这让他感觉自己像他的偶像——孙悟空一样厉害。小雨愉快地接受了妈妈的提议，而且特别兴奋，跃跃欲试，想赶紧把影响写作业的事（小妖怪）都先做完（打败），再去写作业（取经）。

同时，针对小雨容易分心的问题，小雨的妈妈把小雨桌子上的玩具都收拾到玩具柜里，写作业时除了书、本和笔，桌上什么都不放，这样减少了外界刺激物，降低了分心的概率。果然，之后小雨写作业的速度得到了很大的提高。

3. 激发孩子的兴趣

苏联著名教育家苏霍姆林斯基说："所有有关智力方面的工作都要依靠兴趣。"达·芬奇从画蛋开始到最后成为举世闻名的画家，不仅是因为他能专心画，也得益于他对画画的浓厚兴趣；王羲之的书法之所以千古流传，不仅是因为他能耐得住寂寞坚持练字，也得益于他爱好书法。

兴趣是保持专注力最有效的方法。孩子会把注意力放在自己感兴趣的事物上，比如阳阳特别喜欢奥特曼，每次玩奥特曼时都玩得废寝忘食，有时父母喊他吃饭都听不到。

培养孩子的专注力，可以从孩子的兴趣入手，观察孩子喜欢做什么、对什么感兴趣，让孩子专注于自己热爱的事情，同时也可以让孩子在学习上取得事半功倍的效果。

佳佳对口算不感兴趣，让佳佳算口算是一件让人很有挫败感的事儿。每次算口算时，佳佳先是和爸爸讨价还价，看能不能少算几道，好不容易商量好，开始算时又磨磨蹭蹭，半天算不出一道题，而且由于边玩边算，错得一塌糊涂。

后来，佳佳的爸爸想到了一个方法，他给口算引入"竞争机制"，让佳佳跟沙漏比赛，根据佳佳的能力和任务难度制定了一个"够得着"的目标：在5分钟沙漏漏完之前完成20道题。每打败一次沙漏，佳佳都会产生一种成就感和掌控感。

4. 保证孩子有充足的睡眠和均衡的营养

对于身体还处在发育阶段的孩子来说，保持充沛的精力是一切活动的基础，而充足的睡眠和丰富的营养是让孩子保持精力充沛的根本。

美国睡眠科学中心创始人马特·沃克（Matt Walker）认为："睡眠不足已经成为严重影响人们健康的一大杀手，它是一场悄无声息的'疫情'。"父母熬夜，孩子也会受其影响，睡眠不足也逐渐成了常态。建议父母帮助孩子规划好作息时间，坚持早睡早起，养成良好的睡眠习惯。而良好的作息习惯、高质量的睡眠会为孩子的专注力提供内在的保障。

美国国家睡眠基金会（National Sleep Foundations, NSF）对各年龄层人群的睡眠时间提出了建议（见表1），值得注意的是儿童的睡眠时间最好不要低于10个小时。

表 1　美国国家睡眠基金会（NSF）的睡眠时间建议表

年龄段	适宜睡眠时间	年龄段	适宜睡眠时间
新生儿（0～3个月）	14～17个小时	青少年（14～17岁）	8～10个小时
婴儿（4～11个月）	12～15个小时	年轻人（18～25岁）	7～9个小时
幼儿（1～2岁）	11～14个小时	成人（26～64岁）	8～9个小时
学龄前儿童（3～5岁）	10～13个小时	老年人（65岁及以上）	7～8个小时
学龄儿童（6～13岁）	9～11个小时		

　　同时，也要注意饮食的均衡搭配，营养全面。孩子正处于快速发育阶段，对营养的需求较全面，因而他们的饮食搭配非常重要，要做到营养均衡。最起码要保证食物的多样化，做到有荤有素（肉类与蔬菜、水果搭配）、有粗有细（粗粮与细粮搭配）、有干有稀（有干粮也有汤或者粥）、有咸有甜（注意少盐少糖）、有蛋有奶（这是孩子身高的重要保证）。营养均衡，才能为孩子提供充足的能量去专注地做事。

◯ 训练：四个简单有效的日常专注力训练

1. 舒尔特方格

　　舒尔特方格是在一张方形卡片上画上 25 个正方形的方格，并在格子内任意填写阿拉伯数字 1 到 25（见图 5）。它不仅可以直观地判断孩子的专注度，还可以通过训练逐渐提升孩子的专注力。家长可以自己画，也可以从网络上下载打印或购买相关练习册。测试时，要求孩子用手指按1到25的顺序依次指出其位置，同时诵读出声，家长在一旁记录所用时间。指读所需时间越短，孩子的专注力就越高。通过舒尔特方格训练，孩子的专注力可以得到有效的锻炼和提升。舒尔特方格的游戏性也很强，建议家长经常使用。同时，要注意经常换用不同数字排列的舒尔特方格，以排除记忆所起的作用。

23	10	15	20	11
12	18	5	2	22
9	1	24	14	7
21	3	6	19	4
17	8	13	25	16

2	16	20	11	4
18	9	24	7	17
5	13	1	23	12
21	15	25	8	19
10	3	22	14	6

图5 舒尔特方格

2. 番茄钟

番茄钟是番茄工作法使用的一个时间表，即选择一个待完成的任务，将番茄时间设为25分钟，专注任务，中途不允许做任何与该任务无关的事，直到番茄钟响起，然后在纸上画一个"×"，短暂休息一下（5分钟），每4个番茄时段多休息一会儿（见图6）。

"番茄工作法"可以把工作时间划分为多个番茄时间，每个番茄时间包含两个部分：25分钟工作时间和5分钟休息时间。我们可以根据孩子年龄，结合孩子不同年龄段专注力维持时间的长度，灵活地调整番茄时间。可以从"15 分钟任务时间 +5 分钟休息时间"开始。比如，收拾卧室，先帮孩子将该任务分解为小步骤：花 15 分钟整理床褥→休息 5 分钟→花 15 分钟把学习桌收拾干净→休息 5 分钟。以此类推，学习也可以这样。

25 分钟学习 +5 分钟休息

图 6　番茄钟

也可以把"番茄钟"和《缺少时间观念——"孩子做事总是随心所欲、拖拖拉拉"》这一章的时间管理方式相结合，教孩子如何分配时间、使用时间，当孩子能在相对短的时间内集中精力做好一件事时，便有更多的时间来做其他事情。孩子学会自己掌控时间，这种成功的感觉会让孩子更加自信。

3. 运动

美国科研人员通过研究表明：孩子在进行适当的体育活动后，专注力会得到有效改善。在写作业前，给孩子安排半小时的玩耍和运动时间，舒缓孩子的身心压力，让孩子在释放多余的能量后，能够更加专注地学习；在孩子学习了一段时间后，让孩子做一些运动，劳逸结合，比如让孩子骑自行车、跳绳、打羽毛球等。这样不仅可以提高孩子的学习效率，也可以让孩子的大脑得到适当的休息，为孩子接下来能够更好地集中注意力做准备。

4. 练字、朗读和听写

练字能够让孩子坐下来、静下来，需要"心、眼、脑、手"四者紧密配合，都集中在纸和笔之上。当然，孩子在练字的过程中，父母不要过多地指导和打扰，让孩子独自把握进度进行练字。每天让孩子坚持练练字，不但能让孩子写一手好字，也能培养孩子的专注力，一举两得。

大声朗读不仅可以提升孩子的词汇量和拓宽知识面，也能够让孩子把注意力集中在朗读的内容上面。坚持每天朗读，有利于提升孩子专注力。听写也有类似的效果。

06
缺乏学习兴趣

☆

"孩子对学习不感兴趣，总是拖延"

　　小宝就要上三年级了，暑假里老师布置了一项作业：每天写一篇日记。可每当让小宝写日记时，小宝的妈妈就有一种"牛不喝水强按头"的深深的无力感，简直太难了。

　　早上，妈妈提醒小宝："小宝，你今天的日记记得写。"

　　小宝："今天还没过呢，没什么可写的啊。"

　　妈妈觉得孩子说得有道理，于是就积极筹划，准备带孩子去博物馆参观，做一些他喜欢的事情，给他写日记找找灵感，累积一些素材。

　　小宝听说要去博物馆，开心地欢呼起来，迅速穿好衣服、鞋子，拿上自己的小水壶，站在门口等妈妈，而且还不断催促："妈妈，你快点儿！"

　　参观完博物馆，在回家的路上，妈妈问小宝："今天上午我们去参观了博物馆，你喜欢吗？"

小宝大声回答："喜欢！我特别喜欢那把剑，好酷！还有那个镜子，古代人照的镜子是铜镜，你说能看得清楚吗？我还是喜欢现在的镜子，还有……"

小宝很兴奋，一路上把在博物馆里的见闻叽叽喳喳说个不停。

妈妈："回到家后，你可以把你觉得有意思的事情写在日记里呀！"

小宝顿时不说话了，皱着小眉头，看起来有点苦恼。

下午，妈妈再次提醒："小宝，你现在可以把上午去博物馆的事写在日记里。"

小宝："我困了妈妈，我想先睡觉，再写日记。"

到了晚上，妈妈又一次提醒："小宝，今天马上要过完了，你的日记还没写！"

小宝磨蹭了半天，终于拿出日记本和笔，准备开始写日记。

10多分钟后。

小宝："妈妈，博物馆里的东西太多了，我写不完。"

妈妈："不用写完，写你最感兴趣的一两件事就可以了。"

小宝抗议："不行，我感兴趣的有很多。唉，日记要写得好长啊！"

妈妈："日记写多长都可以，写一两页可以，写一两行也可以，你可以只写一两行。"

30分钟后。

小宝苦恼地对妈妈说："我不想写博物馆了，我想换个别的写。"

妈妈："好的，随便写什么都可以，你自己决定。"

小宝："嗯嗯，我不知道要写什么，让我先想想。"

2小时后……

小宝："妈妈，我今天不想写了，明天我写两篇，好不好？"

第二天晚上。

小宝："妈妈，明天我写三篇，保证完成！"

第三天晚上。

小宝："妈妈，明天我写四篇，一定一定完成！"

很显然，小宝对去博物馆参观很感兴趣，但对把博物馆写进日记里完全没兴趣。所以，去博物馆孩子行动得很迅速，写日记就一拖再拖。

⊙ 导致孩子拖延的因素：学习兴趣

小宝之所以推三阻四地不写日记，是因为不喜欢。为什么孩子对要做的事不感兴趣呢？

1. 认识不到自己与学习之间的关系

对于 5 岁多的孩子来说，有时刻意拖延并不意味着懒惰，而是他们反抗父母或老师交代任务的一种方式。尤其是对于 5 ～ 12 岁孩子来说，他们还无法完全认识到自己和要完成的任务之间有什么关系，因此就变得拖延，更不能很好地完成对未来的规划。就像下面案例中的甜甜一样，很困惑："学这些有什么用呢？"她不知道学习能为她带来什么，或者说能为她带来哪些让她感兴趣的东西。

甜甜读小学二年级，生活中她是个乖巧听话的孩子，可对学习却很抗拒。甜甜的妈妈发现，甜甜每天放学时都快乐得像一只归巢的小鸟，蹦蹦跳跳回到家，一旦让她写作业，就立马蔫儿下来，变得无精打采，找各种理由，甚至装病，拖着不写作业。这学期，学习成绩也是直线下降。

甜甜的妈妈很着急，于是和老师沟通情况。

班主任说："甜甜在学校很听话，在课堂上也很遵守纪律，上课时看起来是在认真听课，可一旦提问到她，就发现她吞吞吐吐，回答不上来。表面上看在听课，其实是在发呆或想别的事情。"

数学老师说："课堂上布置的随堂作业，别的同学基本能当堂做完，甜甜总是磨蹭着不写，每次都拖着。"

后来，甜甜的妈妈陪她去看了她最喜欢的《龙猫》，趁机和甜甜进行深入沟通，了解甜甜的想法。

妈妈："甜甜，你为什么不想写作业啊？"

甜甜："老师上课教的我不想学。"

妈妈："为什么不想学呢？是学不会吗？"

甜甜："不是的，我会。可是学这些有什么用呢？天天上学、写作业好累，好无聊啊！如果做错了，你和爸爸还有老师都会批评我，我不喜欢被批评。"

2. 对任务的目标理解有偏差

12岁的小帅长大后想成为一名企业家，但他经常抱怨学习没用，说："马克·扎克伯格、乔布斯都没有大学毕业，还不是照样很厉害？所以上学有什么用呢？好好学习又有什么用？"

在小帅的认知中，学习并不能让他成为企业家，不学习未必就不能成为企业家，反而成功的概率更大。

很多孩子对学习的价值观是模糊的，我们告诉一个七八岁的孩子："你要好好学习，只有好好学习，长大才能考上好大学，考上大学以后才有好的工作。"他可能不太理解大学的概念、为什么要考大学，更难以理解为什么只有考上大学才会有好的工作。

如果不能让孩子切实感受到学习的价值，那么孩子就很可能像小帅、甜甜一样，认为上学是没用的。这样一来，孩子会对学习心生抗拒，对学习更没什么兴趣了。

3. 体会不到学习的乐趣

每一个健康孩子都具备学习能力，只是有些孩子对学习不感兴趣，没有把心思用在学习上而已。而生活中诱惑孩子的东西又有很多，比如各式各样的玩具、游戏、电视节目、短视频等，就算是成年人都很容易沉溺其中，何况是孩子！在孩子眼中，与外界的诱惑相比，学习则无聊很多，上学、读书、作业是无趣的，在学校除了上课就是考试，到家除了写作业就是上兴趣班。对于这些不感兴趣的事，孩子反抗的武器就是拖、拖、拖。

而孩子对自己感兴趣的事情会非常执着，会让自己不断去重复这种体验，从而得到源源不断的快乐。如果父母不想办法给孩子增添学习乐趣，而是通过指责和惩罚等方式来逼迫孩子学习，那他们便会开启痛苦、恐惧、抗拒的模式，对学习产生越来越强烈的抵触心理。

下面这些行为，是孩子缺乏学习兴趣的常见表现。

· 对学习自我要求不高，不关注学习成绩，成绩不好不会感到难过。

· 对学习不上心，做作业拖延、态度不认真。大多数时候，作业离不开父母的检查。

· 多次讲"不喜欢上学、不想去上学"。

· 上课注意力不集中、不认真听讲，心思不在学习上。

· 没什么求知欲望，没什么上进心。

· 总想着玩，花很多时间在与学习无关的事情上，主次不分。

· 没有学习目标，不想制订学习计划。

◎ 对策一：激发孩子内在兴趣

兴趣是最好的老师，有了兴趣孩子才能愿意学，并乐在其中。那么，我们在激发孩子的兴趣时应该做些什么?

1. 了解教育的目的

法国作家圣埃克苏佩里在其作品《小王子》中说："如果你想让人们造一艘船，不要雇人去收集木头，不要发号施令，也不要分配任务，而是去激发他们对海洋的渴望。"

孩子的教育不仅仅包括传授知识、培养品质，更重要的是培养孩子的学习能力。"学习能力"这四个字是我读了二十几年书后，在研究生毕业典礼上才领悟的一个道理：大学教育的终极目的并不在于传授专业知识，而在于培养终身学习的能力。

如今看来，这不仅是大学教育的目的，准确来说更是教育的目的。教育的目的不仅是给孩子传授和灌输知识和技能，而且是让孩子掌握学习的能力。

因此，我们对孩子的教育方式不能仅仅是要求与命令。"鸡蛋从外打破是食物，从内打破是生命。"要从内心深处唤醒孩子内在的精神能量和梦想，启发孩子的潜能，激发孩子主动学习的兴趣与创造力，让孩子主动去寻找、探索知识。

2. 帮助孩子理解"学习和我有什么关系"

成人眼中的世界与孩子的可能完全不同，我们也不能要求孩子从成人的认知视角去看待这个世界。比如孩子可能不理解"赶快睡觉"和"明天好好上课"之间有什么关系，更不能理解"我为什么要上学"这个问题。我们需要适时帮孩子解读：学习这件事与他个人之间到底是怎样的关系。

想让孩子好好学习，有必要告诉孩子为什么要好好学习。为什么要努力学习？有人说是为了将来拥有选择的权利，为了提升认知，改变思维，以跨越阶层等。对于 5～12 岁的孩子，我们可以用更加简单直白的方式，把孩子学习的内容和实际生活联系起来，让他们切实感受到学习对他们的作用。

比如：

在机场，可以告诉孩子："如果机场导视栏上的这些字你都认识，那么你就可以自己找到候机厅了，以后就可以自己乘飞机去旅游了。"

在超市，可以告诉孩子："如果你学会了算术，就能自己拿零花钱去买你喜欢的奥特曼了。"

在电影院，可以告诉孩子："是不是特别喜欢看《复仇者联盟》？如果你学好了英语，就可以看原版美国影片了，长大后你还可以到美国看看。"

除此之外，父母的做法对孩子理解学习与自我之间关系的影响也比较大。比如，孩子考了 100 分，父母各种表扬和夸奖，而没考好时，则各种批评与指责。会让孩子形成错误的认知：爸爸妈妈不爱我，只在乎我的成绩。有的父母甚至会用物质上的付出要求孩子用等价的学习成绩来回报，这也是一种不可取的做法。没有父母的陪伴，也得不到父母的关爱，孩子怎么可能会体验到学习的乐趣呢？在孩子的成长之路上，不只有成绩，父母还要善于发现孩子身上的潜力，用心陪伴，让孩子感受到父母的爱。

3. 激发孩子的内在动机

《摔跤吧！爸爸》这部电影，讲的是曾经的摔跤手——爸爸马哈维亚在印度一个落后贫穷的村庄里，在典型的"重男轻女"的传统文化之下，把两个女儿培养成世界摔跤冠军的故事。马哈维亚培养孩子成才的关键就是让孩子的内力觉醒。

马哈维亚不顾全村人的嘲讽，每天近乎苛刻地给女儿安排高强度训练，严格控制饮食，还把印度女孩最重视的一头长发给剃了……这些严苛的要求几乎突破了女儿们所能承受的极限。再加上孩子自控力较弱、心生抗拒等原因，所以，女儿们想尽一切办法，能拖就拖，能偷懒就偷懒，不愿认真训练。

有一次，两个女儿没有去参加训练，而是偷偷跑去参加小伙伴的婚礼，结果被爸爸发现了。爸爸非常生气，动手打了侄子一巴掌，也没舍得打女儿。两个女儿非常伤心，她们不理解爸爸为什么非要逼着她们学摔跤。那个14岁就成为新娘的小伙伴对她们说，她宁愿像她们一样去训练，也不愿为了减轻家里负担而嫁给一个陌生人，一辈子困在锅碗瓢盆里。到这时，女儿们终于明白了父亲的苦衷，开始主动去训练。

在女儿们反抗训练的过程中，爸爸马哈维亚用足够的耐心和苦心，最终激发了女儿的内在力量。

想让孩子不拖延、主动学习，不能一味强迫，可以通过各种方法去唤醒孩子内在的好奇心、快乐感、幸福感，或者是责任感与精神动力，让孩子用发自内心的巨大力量驱动自我去学习。这时，即使是不主动要求孩子学习，他们也会自己去寻找自己需要的知识。

简单来说，就是找到一个让孩子热爱学习的理由，让孩子发自内心地喜欢学习，对于喜欢的事情无论多么辛苦都不会觉得苦，反而会乐在其中。否则，父母与孩子之间很可能会发生一场旷日持久的对抗战争：孩子不想学，重担之下苦不堪言；我们为了让孩子学，天天和孩子斗智斗勇，心力交瘁。

那么，该如何激发孩子的兴趣呢？这里分享几种方法。

（1）分析孩子厌学的原因，及时解决。

导致孩子厌学的原因很多，比如被老师批评了，上课回答错误被同学嘲笑了，被迫写作业，等等。我们要做的就是根据孩子的行为表现，具体分析孩子不喜欢学习的原因，及时帮助孩子解决。

（2）利用孩子的好奇心，达到预期目的。

"唐宋八大家"中苏家占三个名额——"三苏"，即父亲苏洵和两个儿子苏轼、苏辙。据说，苏轼和苏辙小时候并不爱读书，他们的父亲苏洵故意在孩子面前看书，孩子凑过来时又把书藏起来，这让两兄弟对读书产生了极大兴趣。苏洵利用孩子的好奇心，越不让他们看，他们越喜欢把书偷出来细读，据说不到1个月时间，兄弟俩都爱上了读书。

（3）把学习任务与孩子的兴趣联系起来。

我们要让孩子多参加有益、他们感兴趣的活动，并想办法把他们的兴趣与学习联系起来，将兴趣引导到学习上来，以此培养和激发新的兴趣。

我儿子最讨厌写作文和日记，每次都不知道怎么写，要么缠着让我教他，我说一句他写一句，要么找范文抄几句，几乎每次都要为难得哭一场。但是他很喜欢折纸，最喜欢折各种各样的纸飞机，于是，我建议他在日记里写写如何折纸飞机，他把自己折飞机的过程，需要注意哪些问题，折好以后自己是多么高兴，如何试飞，都一一写出来了，写了满满两页，还意犹未尽。

（4）让孩子做老师，提供运用知识的机会。

几乎每个孩子都有"好为人师"的一面，父母可以适当示弱，装作不会，与孩子一起学习，让孩子做老师去教父母。当孩子站在教师的立场，他为了当好老师，为了能给自己的"学生"讲得明白，他学习起来会认真很多，遇到问题也会先自己努力解决。这个小技巧不但提高了孩子的学习兴趣，对孩子自身的学习也有很大的帮助。

（5）开展竞赛。

"竞争"是人类的本能，比起一个人努力，不如让孩子和伙伴们或对手竞争，这样能激发孩子自身的潜力。有条件的话，还可以让孩子和同龄的小伙伴一起学习，一起写作业，看谁写得既快又好，也可以引导孩子找一个比自己成绩好的同学作为榜样，争取逐步赶上、超越。

◯ 对策二：好习惯的养成方法

著名教育家叶圣陶说："教育是什么？往简单方面说，只是一句话，就是要养成良好习惯。"英国哲学家、数学家罗素说："从小养成良好习惯，优良素质便犹如天性一样坚不可摧。"习惯是在一定情境下，人们自觉地去完成某个事项。习惯的形成有一个前提条件，就是需要在一定时间内持续完成同样的事，形成后天条件反射，成为自动化了的动作或行为。一个成年人每天40%的行为是受习惯支配的，可见习惯的力量是非常巨大的。孩子也一样，一旦养成一个习惯，就会不自觉地在这个轨道上运行，这会大大降低由于对事情不感兴趣等心理抗拒因素带来的拖延，以及不爱学习等各种问题。"少成若天性，习惯如自然"讲的也是这个道理。

解决孩子的各种拖延问题，可以从培养孩子的良好习惯开始。不同习惯的养成所需时间是不同的，学习、做家务等，坚持一两个月基本可以养成；早睡早起的生活习惯可能需要三四个月才能养成。养成良好的习惯要趁早，越早越好，"早期教育花一公斤的气力，等于后期教育花一吨的气力"。一二年级阶段，孩子学习任务相对轻松，建议在这个阶段重点培养孩子良好的学习习惯。

我的儿子从5岁开始学钢琴，进入小学后，由于要完成作业，我们就严格规划了他的练琴时间：每天晚上6点至7点。有一次，放学晚了，在接他回家的路上，儿子一直在问："妈妈，现在几点了，是不是快6点了？"等我第四次回答他："是的，现在已经6点10分了。"他突然就哭了，冲我嚷嚷："妈妈，你开车快一点儿，我该练琴了。"

他的反应让我非常惊讶，因为练琴很枯燥，他从来没有主动练过琴，这是"太阳打西边出来了"，第一次为了主动完成练琴急哭了。

这样坚持练琴一个学期后，到了暑假，我们想让孩子放松一下，就没有严格按这个时间要求他去练琴，于是就发现了一个有趣的现象：白天让他练琴，他非常抗拒，无论怎么说也不愿意去练，但到了晚上6点左右，他就会自己主动跑去练琴。这时，我才明白，原来每晚练琴已经成为他的习惯了，到了这个时间，他就会主动做这件事，与是否喜欢练琴已经没有多大关系了。

那么，要如何培养孩子的好习惯呢？具体可以按照下面的步骤进行。

1. 从制定小目标开始

一般来说，大目标比较宏观，很难具体落地，比如制定本学期目标：期末考试数学要考100分。可具体每天怎么做呢？如果没有具体可执行的小目标，孩子会感到茫然。大目标可以让孩子与父母有共同努力的方向，具体落实到每天学习时，需要制定可量化、可执行的小目标，比如每天晚上阅读30分钟或20页，每天口算50道题，这种具体的小目标更容易让孩子执行。

此外，制定目标时要注意目标的难度。心理学上有个"登门槛效应"，当请求别人帮助时，如果一开始就提出较高的要求，很容易遭到拒绝。可是如果先提出较小的要求，别人同意后再增加要求的分量，那么更容易达到目标。"登门槛效应"可以应用在给孩子制定目标上。先给孩子提出较低的目标和要求，待他们按照要求做了，予以肯定、表扬，然后逐渐提高目标，这样不但可以激励孩子不断积极向上，也会帮孩子养成好的习惯。比如，一般孩子30分钟能读10页书，那么一开始可以制定简单些的目标——"30分钟读9页"，等到孩子连续达成此目标后，再制定孩子"够得着"的目标，比如"30分钟读11页"。习惯的力量在于能坚持下来，所以一开始定目标时，一定要让孩子能完成，只有完成才有可能让孩子坚持下来，进而养成习惯。

2. 形成固定模式

把要养成的习惯设定成每天在固定的时间、固定的地点去完成固定的任务，这样很容易形成稳定的节奏感。比如，培养孩子的阅读习惯，要注意为孩子规定每天在固定时间，到固定的阅读区（比如书房、卧室）去阅读。

有调查表明，学习成绩好的孩子一般能在规定的时间内完成学习任务。孩子把学习形成一种时间定向，会不自觉产生学习的情绪和愿望。这种时间定向能有效减少孩子投入学习前的准备时间，让孩子快速进入学习状态。这不仅能训练孩子学习的专注力，也能提高学习效率。

从上幼儿园起，旭旭妈妈每晚都会在旭旭睡前陪他读绘本，这件事坚持了 3 年。上小学后，学校要求孩子每天至少阅读 30 分钟，妈妈给旭旭安排的阅读时间是放学后到吃饭前的这段时间。旭旭非常不高兴，大声抗议："不是睡前读书的吗？为什么要改时间？"于是妈妈重新把阅读时间调整到睡前。之后，即便没有妈妈的陪伴，旭旭也能自己坚持睡前读书。

后来，有几次旭旭写作业写到晚上 10 点多，妈妈担心睡太晚影响他第二天上学，就对旭旭说："今晚不阅读了。"旭旭强烈抗议，他仍坚持要读完书再睡觉，看着他倔强的样子，妈妈只好同意了。

这就是习惯的力量，幼儿园 3 年养成的睡前读书的习惯，让旭旭形成了睡前读书的固定行为模式。

以上是有效纠正孩子因为对学习兴趣不大引起拖延问题的关键步骤，一旦孩子形成每天到了固定时间就要学习的好习惯，就像每天吃饭、喝水一样，学习也成了每天必须要完成的行为。

3. 引入激励机制，增添乐趣

利用孩子爱玩的天性，可以给学习计划加点趣味性。比如，用游戏的方式去执行，父母和孩子一起以比赛的方式去完成。

激励的方式有两种：一是精神的奖励，当孩子做得好的时候，一定要及时地肯定、表扬，让他知道是哪个具体的行为做得好，值得表扬，以此增强孩子的自信，促进习惯的养成。二是物质的奖励，比如孩子喜欢的书、新的篮球、一盒彩笔等。切记不要给予过多的物质奖励，不然孩子的学习目的就变了。具体可参考本书《物质奖励的反作用——"给孩子买玩具或把零花钱等作为奖励，可孩子更拖延了"》这一章。

4.做计划表，把习惯变成日常行为

通过做作息时间计划表或学习计划表（如何做计划表，可以参考《缺少时间观念——"孩子做事总是随心所欲、拖拖拉拉"》这一章里的解决办法），把已经养成的好习惯固定下来，变成每天必做的行为。这时，就可以开始进行下一个新习惯的培养了。

在培养孩子的习惯时，需要注意以下几个问题。

（1）不要同时培养孩子多个习惯。

一次只培养一个习惯，不要贪多，切忌一次培养多个习惯。习惯的养成非一日之功，需要经历长时间的坚持和练习，所以在孩子习惯养成的初期，把注意力集中在一个习惯的培养上更容易成功。

（2）习惯的行动规则越简单越好。

不要制订复杂的计划，如果非要制订，那就把复杂的习惯拆解成简单的小习惯。比如作息习惯，重点培养早睡这一点就好，可以拆解成晚上9点睡、早上7点起床、午睡30分钟，无须太复杂，如

果能做到每天晚上9点睡，早上自然会起得早，早睡早起的习惯也就自然而然养成了。复杂的计划很难坚持下来，坚持不下来就形成不了习惯。

（3）坚持执行，不随意更改，同时预设例外的规则。

我们要耐心引导孩子在固定时间做固定的事。比如明确了晚上6点开始学习，就不能随意更改。对于意外情况，也需要在制订计划时提前考虑好应对措施，让行动规划有一定的弹性。如果孩子因为生病导致一段时间无法按计划学习，那么在康复后接下来的几天时间里，可以通过每天多学30分钟来弥补。

（4）帮孩子持之以恒地坚持下去。

懒惰是人类的天性，孩子在不成熟的状态下自制力更弱，很多时候他们对于要做的事情都是一时兴起随性而为，一会儿喜欢这个，过一阵儿又喜欢那个，尤其是学习，更容易放弃。学习都会经历这样一个过程：

第一阶段：对要学习的事情充满兴趣。

第二阶段：学了一段时间后失去兴趣。

第三阶段：坚持练习，形成习惯。

第四阶段：形成习惯后渐渐重新感兴趣。

最后阶段：取得成功。

很多父母在孩子进行到第二阶段时就放弃了，"既然孩子不感兴趣，强扭的瓜不甜，不想学就算了"，这也是很多孩子报兴趣班、特长班，但半途而废的主要原因。

作为孩子的成长导师，父母要教会孩子持之以恒。在培养习惯的过程中，如果孩子不配合或者效果不理想，父母一定要态度鲜明地表明自己的立场，给孩子划定界限，让孩子知道有些规矩是必须要遵守的。

（5）不要过度关注结果。

习惯养成的关键在于不断重复同样行为的过程，如果父母要求孩子不但每天坚持做，还要达到指定的目标。一旦达不成目标，孩子就会产生挫败感，这种挫败感对孩子来说会让坚持下去的难度呈几何倍数增长。

因此，重点是培养孩子每天坚持去做的这个行为，将习惯的培养放在第一位，关注过程，不必过于关注结果，不必要求孩子每天必须百分之百达成目标。

"父母经常催促、批评，可孩子越催越慢"

潇潇已经上四年级了，对作业还是能拖就拖。

爸爸晚上下班回到家时，看到潇潇一直在玩贴纸，于是提醒道："别玩了，赶快去写作业。"

潇潇把贴纸扔到一旁，满脸抵触，悻悻地回答："我等会儿就去！"

爸爸克制住自己内心蹿起的怒火，但声音还是不自觉地提高了几个分贝："这都几点了，天天写个作业要拖到 10 点多，赶快去写，别逼我发火！"

潇潇不情不愿地拿起书包走向书桌，同时撂下一句话："什么都是你说了算，天天命令我，总有一天你会把我逼死！"

只是希望孩子早点儿完成作业，没想到孩子竟说出这样的话，爸爸也感到震惊，陷入了沉思。

"明明只想督促孩子快点儿完成作业，为什么孩子更加拖延，为什么会强烈抵触？"

"和孩子沟通时，为什么我总是忍不住发火，甚至和孩子相互攻击？"

"我只想让孩子快点儿写完作业，怎么就这么难？"

◯ 导致孩子拖延的因素：父母的教育方式

孩子拖延不仅仅是因为孩子自身，还涉及父母的教育方式。想一想，面对孩子写作业慢、做事慢，你有没有催促，有没有控制不住地对孩子大吼大叫。一般来说，随着情绪失控的逐渐升级，父母可能会表现出下面几种行为。

（1）不断催促、唠叨。

这时父母比较有耐心，希望孩子能理解"我这么做都是为了你好"的良苦用心，对孩子来说，这属于"糖衣炮弹"型的催促。

（2）严肃下达命令。

这时，父母仍在努力控制情绪，但已经不自觉地开始提高分贝，语气也开始变得严肃起来，要求孩子按自己的命令去做。像上面案例中的潇潇的爸爸就是从心平气和地与孩子沟通无果后上升到了严肃下达命令。

（3）批评、责备。

这时，父母的情绪已经到了"火山爆发"的临界点，"好好和你说你不听，非让老娘（老子）发飙不可"，语气中已经带有明显的怒火，随时准备给孩子来个"河东狮吼"。

（4）动手打骂。

随着怒火不断升级，这时，父母的情绪已经不太稳定，理智已基本下线，严重时甚至会出现动手打孩子的情况。我们经常会听到或看到一些父母在暴怒的情况下动手打孩子的新闻报道，希望通过"武力镇压"来解决孩子不听话的问题，或者是借此发泄自己的情绪。

也许你的父母就曾经这样对待你，所以你也改不掉这个习惯，一旦孩子的行为与自己预期不符，就任由怒火发泄在孩子身上。或者你压力太大，短时间遗忘了控制情绪。所有这些，不仅不会缓解孩子的拖延行为，反而会摧毁亲子之间的关系。

1. 你是哪种类型的父母

1967 年，美国心理学家戴安娜·鲍姆林德（Diana Baumrind）做过一项著名的调查，从两个维度重点研究父母教养行为对孩子发展的影响：一是父母对待儿童的情感态度，即回应性（接受—拒绝）维度；二是父母对儿童的要求和控制程度，即要求性（控制—容许）维度，归纳出权威、专制、放任三种基本的家庭教育模式。

1983 年，心理学家埃莉诺·麦科比（Eleanor Maccoby）和约翰·马丁（John Martin）在戴安娜·鲍姆林德的基础上，提出了四种家庭教育模型，即权威型、专制型、纵容型和忽视型（见表 2）。

表2　四种家庭教育模式对比分析

家庭教育模式	特点	优势	弊端
权威型	合理要求 适当限制 一致的强化 敏感响应接纳孩子 强调规则重视亲密	利于孩子身心成长	对父母要求高 坚持的难度大
专制型	制定规则和命令 独断专行控制力强 对孩子需求不敏感 强调规则忽视亲密	孩子顺从听话	孩子压抑、易焦虑 缺乏安全感 充满怨气 易孤僻多疑
纵容型	父母温和 较少的规则和要求 给予孩子很多自由 忽视规则重视亲密	孩子成长环境 自由自在	表现不成熟 自控力差 探索能力弱 受挫能力弱
忽视型	父母不管孩子 对孩子需求不敏感 很少的规则和要求 忽视规则忽视亲密	无好处	表现不成熟 易出现适应障碍 攻击性强 自控力弱

　　大量研究表明，权威型家庭教育模式最有利于儿童的心理社会发展和学业成绩表现，不受种族、文化、家庭结构、社会经济地位的影响，相对而言是较合适的家庭教育方式。

　　当孩子的行为与预期不一致时，我们可能会用唠叨、催促、吼叫、惩罚等方式强制命令孩子去做事，这属于专制型教育方式。专制型教育方式主要体现在父母喜欢制定规则与下达命令，对孩子本身的需求不敏感，对孩子的控制力比较强。这种教育方式虽然会让孩子变得顺从听话，但带来的弊端则是孩子变得压抑、焦虑，对父母和父母强制要求做的事满腹怨言。

2004 年，以色列学者阿维·阿索尔和盖伊·鲁思与美国动机心理学家爱德华·德西合作，对百余名大学生进行了调研，询问他们原生家庭的养育模式，与他们的学习成绩、身体健康状况、社交关系和自我情绪控制能力之间的关系。

结果显示，父母在家里管得多、管得严的孩子，表现得更"听话"，但是这种"听话"的背后隐藏着巨大的代价。这些孩子对自己父母的反感与厌恶程度更高，并觉得自己的行为和生活取决于"一种巨大的压力"，而不是"我自己的选择"。此外，他们在做一件事成功之后所获得的幸福感会更加短暂，并有可能在之后陷入对自我的否定状态。

天天催促孩子"快点儿"，只会让孩子的拖延问题变得越来越严重，因为这种方式更多的是在传达父母焦急的情绪，并没有给孩子提供任何解决问题的方法，因此，拖延的问题会一直存在。同时，父母与孩子在这场博弈中势必会"两败俱伤"，父母一直处于焦虑中，孩子则如一棵树苗失去阳光、水分一样日渐蔫儿下来。

在孩子的成长过程中，建议少一点儿催促，多一点儿耐心。

2. 父母的教育方式与效果

不同的教育方式会给孩子带来不同的教育效果。

（1）催促、唠叨会适得其反。

电影《大话西游》中有一个经典场景，唐僧对着绑架他的小妖精不断地唠叨："人和妖精都是妈生的……你妈贵姓啊？"结果小妖精被唠叨得受不了。电影为强调戏剧性效果，演得比较夸张，但这一幕之所以被评为经典，经久不衰，是因为它让很多人产生了强烈的心理共鸣——回想起小时候被妈妈"魔音贯耳"天天唠叨的情景。

对成年人来说，先做什么后做什么，事先在脑海中是有一定规划的，但对于孩子来说，如果没有经过父母或老师的引导，他很难具备这样的能力。如果我们不了解情况，像唐僧念经一样天天催促孩子，那么问题就来了：一个拖沓、磨蹭、凡事不操心的"大磨王"往往就这么养成了。

心理知识小课堂

超限效应

有一天，美国著名作家马克·吐温在教堂听牧师演讲。牧师刚开始演讲时，马克·吐温觉得他讲得很精彩，非常感动，准备捐款。过了10分钟，牧师还没有讲完，他有些不耐烦了，决定少捐些钱。又过了10分钟，牧师还没有讲完，于是他决定不捐了。等到牧师终于结束演讲开始募捐时，由于非常厌烦牧师的唠叨不休，马克·吐温不仅没捐钱，还从盘子里偷偷拿走了2元钱。

这种由于刺激过多、过强和作用时间过久而引起心理极不耐烦或反抗的心理现象，被称为"超限效应"。

育儿时很容易出现"超限效应"，尤其在孩子拖延的时候，我们一次、两次、三次，甚至无数次地不断催促"快点儿、快点儿、再快点儿……"，孩子的心理很容易像马克·吐温一样发生微妙的变化，从最初的内疚不安到不耐烦，再到反感、讨厌，被"逼急"了，最后可能会出现"我偏要慢慢来"的反抗心理和行为。

拖延情况严重的孩子背后，往往有性格急躁、期望值高和控制欲强的父母。在教育孩子的过程中，有些父母总是不断地在"督促""命令"孩子完成既定的目标，很少和孩子商量，也很少给孩子选择的机会。

我们要注意，对孩子的催促不要超过限度。如果孩子拖延，我们可以提醒孩子，让他动作加快，原则上建议只提醒一次。如果非要再次催促，建议不要简单地重复，要换个角度、换种说法。这样，孩子才不会觉得同样的问题被爸爸妈妈一直紧盯着不放，厌烦心理和逆反心理也会随之减少。

（2）责骂会加重孩子的拖延行为。

"爱之深，责之切。"父母责骂孩子的背后都隐藏着一份良苦用心，目的是希望孩子能越来越好。但这种责骂在心理学上属于语言暴力，"磨蹭""拖延""慢吞吞"等词语都属于语言里的"贴负面标签"。这些负面标签从父母的口中反复出现，会让孩子记住，从而认为自己就是负面标签上那样的孩子。古人云："数子十过，不如赞子一功。"建议把这些"负面标签"改成正向的、积极的语言来引导孩子，发现做得有进步的地方，及时给孩子肯定和鼓励。

知识小课堂

贴标签效应

第二次世界大战期间，由于兵力不足，美国政府决定让关在监狱里的犯人去前线战斗。奔赴前线前，美国政府派了几个心理学专家对犯人进行了战前的训练和动员。训练期间心理学专家对他们没有过多的说教，而是要求犯人给亲人的信中写自己服从指挥、勇敢作战等内容。结果，这批犯人在战场上的表现正如他们信中所说的那样服从指挥、勇敢拼搏。后来，心理学家就把这一现象称为"贴标签效应"，心理学上也叫"暗示效应"。

不管是"贴标签效应"还是前面曾提到过的"罗森塔尔效应"，讲的都是一个道理，是在告诉我们每个人在生活中都会接受这样或那样的心理暗示，有些暗示是积极的，有些是消极的。父母是孩子最信任和最依赖的人，同时也是对孩子心理暗示最有影响力的人。如果父母经常对着孩子吼叫"你怎么天天拖拖拉拉"，"这么简单的事你都这么慢"，等等，长此以往会给孩子类似的负面的心理暗示，孩子可能就会真的成了父母口中批评的"拖延大王"。

（3）过度施压，会造成孩子拖延。

陶行知先生在武汉大学演讲时，曾特意带了一只公鸡和一把米，他把米握在手中，用另一只手强迫公鸡吃米，结果公鸡受了惊吓，不仅不吃米，还扑棱着翅膀想挣脱。后来，当他把米随意地撒在讲台上，并远离公鸡时，公鸡反而主动跑回来啄起了米。

教育孩子就跟拿米喂鸡一样，如果总想控制孩子、逼迫孩子，不仅会破坏孩子的内在动力，还很容易激起孩子的逆反心理。

> 球球特别喜欢篮球，爸爸说："升初中时，体育考试有一门是球类考核，你要选择一门球类运动，我给你报了篮球班，你必须天天练习，要打得非常好才行！"
>
> 球球的爸爸还经常带他看篮球赛，希望以此激发球球的热情。可事与愿违的是，球球越来越不喜欢篮球，每天上篮球课要么拖着不愿意去，要么即使去了在练习过程中也是敷衍了事。
>
> 球球非常沮丧，对妈妈说："爸爸是不是希望我像乔丹一样厉害？可是我跳不了那么高，我投篮也不准，我做不到！"

球球原本很喜欢篮球，但在爸爸的过度施压下，打篮球反而成了他的一种心理负担。类似的父母的施压，会无意间触发孩子拖延的开关。

每个人都喜欢待在自己的舒适区，尤其是孩子。学习对他们来说，本来就不是一件轻松简单的事。学习的过程就是主动走出舒适区，不断挑战自我的过程，如果这时我们在一旁不断施加压力，逼着孩子学习，无异于"雪上加霜"，这会让孩子很难感受到学习的乐趣，进而可能会采用拖延的方式来表达不满。

这些方式会让孩子更拖延，您是否经常会有这些行为?

· "看看这都几点了，怎么还没写完作业?"

· "快点吃饭! 再不走上学就要迟到了!"

· "天天这么拖延，什么都做不好，长大后等着睡大街吧!"

· "再磨磨蹭蹭的，以后别叫我妈妈!"

· 着急或生气时，有时会忍不住动手打孩子。

· 着急或生气时，有时会忍不住大声吼孩子。

· 着急或生气时，有时会忍不住骂孩子。

· 着急或生气时，有时会以"我不要你了"或离开家等方式威胁孩子。

· 看着孩子磨蹭，有时会忍不住催促孩子。

⊙ 对策: 不催不吼，帮孩子减少拖延行为

1.责人先责己，父母需要时时"自省"

美国养育革命先锋朱莉·利思科特－海姆斯在《如何让孩子成

年又成人》一书中提出："孩子的问题之根源不在孩子身上，而在于父母错误的养育方式。"

我们不要奢望事先没有经过练习，孩子自己会顿悟，突然有一天变得不拖延了，这显然是不现实的。孩子身上出现拖延等任何问题，都是在提醒我们不要一味地责备孩子，反思一下自己的教育方式是否也有问题，并做出改变。

2. 改变大吼大叫、命令式的沟通方式

很多父母在孩子教育问题上之所以"翻车"，很可能是没有与孩子建立起和善而坚定的沟通氛围，不知不觉中提高声音分贝，使用了控制和命令的语气，从而使亲子关系变得僵硬对立。

生气或盛怒时，我们要尽量做到不管教孩子，因为人在愤怒时很难保持理性，这时讲的话往往情绪大于内容。

美国著名心理学教授艾伯特·麦拉宾（Albert Mehrabian）通过 10 年的研究，分析口头和非口头信息的相对重要性，得出以下结论：

沟通时信息的 100% 传递 =7% 讲话内容 +38% 声调 +55% 肢体语言。

55% 肢体语言：来自视觉上的身体语言，包括仪态、手势、姿势和表情等。

38% 声调：来自沟通时的声音，包括语气、声调以及速度等。

7% 说话内容：来自沟通时讲的内容。

由此可知，在与孩子沟通时，父母传递给孩子的信息中，谈话内容只占7%，而其余93%来自父母沟通中的语气、表情、姿势等。

如果父母的肢体语言和声调充满愤怒和威胁，那么孩子会本能地身体紧绷、情绪紧张，注意力集中在父母愤怒的脸庞、高分贝的语气，以及粗暴的行为上，根本无暇顾及父母在说什么。

泽泽曾跟我讲过他犯了错被父母批评时的感受。

那是小学五年级上学期时，有一次他因为路上贪玩迟到了，而那天他们班的第一节课非常重要，学校组织多位老师来他们班听课打分，班主任很生气，打电话把此事通知了家长。

等泽泽晚上放学回到家，泽泽的爸爸就大声质问他跑哪去了。

爸爸板着脸冲他大发脾气，泽泽说当时他感到非常紧张和害怕。他根本没留意父亲说了什么，满脑子都是爸爸生气愤怒的表情，还有拍桌子的动作和声响。

这场训斥，足足持续了半个小时，他记住的，只有父亲冷着脸用力拍桌子的样子，以及最后那句质问："我说了这么多，你听到没有！"

泽泽虽然回答"知道了"，但实际上却一无所知，除了恐惧。

生气时，有个简单的方法可以调节自己的情绪，那就是美国前总统托马斯·杰斐逊所说："当你生气时，请你尽量控制自己的情绪，从1数到10。如果怒火继续燃烧，那就从1数到100。"如果数到100后还是无法平静，那就暂时离开现场，或者是转移自己的注意力先去做别的事，等平静下来后再和孩子沟通。

3. 把责骂变成正向引导、鼓励

据调查，有接近90％在品质、意识和智力方面有杰出表现的人，年幼时期都感受过来自家长的积极暗示。我们要尽量减少责怪、抱怨、威胁、恐吓等负面语言，多给孩子积极肯定，通过期待的眼神、赞许的笑容、肯定的语言来激励孩子，给孩子多贴正向标签，让孩子更加自信、自强。

  康康是个一年级的孩子，写作业比较慢，康康的爸爸是急性子，每隔一会儿就去看看孩子作业写到哪儿了，看一次就催一次："快点儿写，怎么这么慢！""看看现在都几点了，怎么还没写完？"有时在气头上还会口不择言："天天这么磨蹭，什么事都做不好，以后别叫我爸爸，我没你这么拖延的孩子！"

  康康一边写作业一边偷偷抹眼泪。写作业变成了一件让康康内心感到痛苦、非常抗拒的负担。

  后来，经过沟通，康康的爸爸决定控制自己的脾气，把对孩子的发火、责骂换成正向语言来表达。

康康准备写作业了，爸爸也拿出电脑，对康康说："我也要开始工作了，我们来比比，看谁先完成？"康康答应了，最后，爸爸让康康赢得了这场比赛，并鼓励说："你今天写作业时非常认真，所以你赢得了比赛，祝贺你！而且你今天完成作业用的时间比昨天短了10分钟，这是很大的进步，爸爸为你感到骄傲。"得到爸爸的肯定，康康感到很开心，第二天写作业时劲头更足了。

4. 让孩子自己承担拖延的后果

让孩子为自己的拖延行为负责，承担拖延的后果。这种教育方式来自18世纪法国思想家卢梭提出的"自然惩罚"，就是"让孩子从经验中取得教训"。这种方式曾被无数父母验证"比唠叨、指责和催促有用100倍"。父母的说教、命令、逼迫、哄骗或责骂，其实都是在向孩子表达自己的要求，孩子被动甚至是充满怨气地接受。与其这样，在事情的结果可控且不超过底线的情况下，不如让孩子自己去选择，在实践中完成学习，去"自作自受"几次。比如：孩子磨蹭着不好好吃饭，就适度让他尝尝饥饿的滋味；看电影磨磨蹭蹭，就让他体验下电影被取消的后果。

点点是家中的"小磨王"，早上起床总是磨磨蹭蹭的，为了能让他准点上学，家里每天总是上演一出"鸡飞狗跳"

的催叫服务。

后来，点点的妈妈决定试试"自然惩罚"的方式。早上到出门时间，提醒点点："还有15分钟，你需要完成穿衣、洗漱和吃早餐，不然就要迟到了。"点点依然无动于衷，磨磨蹭蹭的，妈妈强忍着不去催，等点点磨蹭了差不多40分钟后终于收拾好出发去学校了。

到了学校，点点发现第一节课都快上完了，班主任问："为什么会迟到？"点点支支吾吾答不上来。班主任严厉地批评了点点，他在全班同学的注目下走到座位上，这让他感到十分羞愧。

点点到家后的第一件事就是大哭着找妈妈算账："妈妈你今天怎么不提醒我要迟到了，害得我在全班同学面前丢脸！"

妈妈没有指责他"是你自己磨磨蹭蹭导致的"，也没奚落他"让你快点儿你不听，所以才被老师批评"，而是非常温和坚定地告诉他：

"妈妈知道你现在感觉很难过，很丢脸。但是，今天早上7点时我喊了你起床，快迟到时我提醒你还有15分钟，你没听进去。你现在已经9岁了，是个大孩子了，妈妈相信你完全可以做好自己的事，上学就是你自己的事，不是妈妈的事，以后我依然会提醒你时间，你自己合理安排好，就不会再迟到了。"

经过几次努力后，点点早上起床后明显加快了速度，再也没迟到过。

5. 适当惩罚很有必要

有些家长疑惑，孩子天天拖着不写作业，是不是就打不得、骂不得，不能批评、不能惩罚了？并不完全是。瑞士著名儿童心理学家让·皮亚杰认为："孩子在成长过程中所经历的事情，往往都是通过他律到自律的一个过程。"相比过去动辄棍棒教育的年代，如今越来越多的父母认同：惩戒并不是为了证明父母自身的力量有多强大，而是为了最终帮助孩子形成自律。实施惩戒的选择有很多，每种选择都有其利弊，重要的是看孩子在那一刻究竟有哪些真实的成长需求。

惩戒要注意适度和方式，具体有下面几个原则。

（1）明确惩戒孩子的目的。

惩戒并不是父母发泄情绪的渠道，也不是为了彰显父母的力量。我们要保持理性、情绪稳定，不能因自己心情的起伏而随意对孩子施加惩罚。惩戒是管教孩子的一种手段，惩戒孩子时一定要明确本次惩戒的目的，比如周六由于写作业磨磨蹭蹭导致一整天的计划延后，那么取消孩子喜欢的冰球活动，就是一种惩戒方式，目的是提醒孩子作业须及时完成，否则会挤占他喜欢的活动时间。

（2）惩戒的方式要适度。

如果孩子一直拖延，在用尽方法仍然没有效果时，可以采取让孩子隔离冷静、静坐反省或者取消看电视、取消周末出游的计划等方法来小惩大戒。不能采用伤害孩子的方式，比如羞辱、与别的孩子做比较等。坚决不能体罚，比如扇耳光、打脑袋，或踢打孩子其他身体部位。惩戒绝不意味着武力和暴力。

（3）惩罚前，让孩子知道原因，以及如何改正。

孩子犯错时，我们需要点明孩子错在哪儿，及其可能导致的后果。要注意，事不过三。第一次犯错时，除了点出错误及其后果外，要明确告诫孩子不许再犯类似错误。如果第二次再犯，就明确告诉孩子"如果下次再拖延或者再犯同样的错误，爸爸就要管教你了"。和孩子事先沟通，这样不仅让孩子记住被惩罚这件事本身，更要让他知道为什么会受罚。第三次，如果孩子依然犯错，就可以采取一定的惩罚了。当然，我们也可根据实际情况，灵活处理，但前提一定是让孩子知道原因，以及如何改正。

（4）惩罚后，父母要给予抚慰。

抚慰的目的类似于职场上完成一项工作后的"复盘"。从事情角度看，事后帮助孩子梳理事情的前因后果，总结经验教训，达到让孩子吸取教训的目的。从情感角度看，让孩子知道父母依然爱他，消除孩子因惩戒可能对父母产生的怨恨情绪，让孩子感到被尊重、被信任，从而尊重父母，更加愿意与父母合作，接受父母的教导。

（5）体罚尽量少用、不用。

惩罚的方式有很多种，体罚是下下策，建议尽量不要使用。如果非用不可，也要注意年龄限制，孩子3岁前不懂规则，不要用体罚的方式打断孩子对这个世界的探索与好奇心，12岁迈入青春期后，孩子自尊心非常强，体罚会激起孩子的叛逆，使他们更加不听从管教。

面对孩子时，我们要做的不是战胜孩子，而是赢得孩子的合作、爱和尊重，从而有方法了解他，有能力引导他，避免孩子因缺乏管束而变成脱缰的野马，或者因管束太严而感到压抑、"无法呼吸"。

✩

"孩子总说'太难了，我不行'，拖着不肯完成任务"

泽泽读五年级，下周就期末考试了，老师布置了复习作业让大家在本周末完成。泽泽非常希望能考出一个好成绩，于是开始积极地备战。

周六一大早泽泽就起床开始写作业，做了半小时的题后，他忽然被两道练习题给难住了，苦思冥想就是做不出来。

抬头看了看那些还没做完的堆积如小山的作业，他突然感到很沮丧。

"怎么这么难，我都不会做该怎么办呢？"

"这么多作业，这两天根本完不成啊！如果完不成，期末考试怎么办呢？"

"这些练习题都这么难，考试肯定更难了，我肯定不会做，肯定考不好了。"

"如果考不好，爸爸妈妈肯定又会生气。"

"初中还能考上吗？"

…………

坐在书桌前，泽泽开始胡思乱想起来，作业也做不下去了，沉浸在期末考不好的焦虑中无法自拔，一直折腾到中午也没完成几道题，白白浪费了时间。

泽泽之所以拖着不写作业，是因为练习题过难导致他产生了畏难情绪。

◌ 导致孩子拖延的因素：畏难心理

畏难心理是孩子面对困难时感到紧张、害怕的一种正常心理状态，具体表现为遇到困难不敢面对，习惯性退缩，找理由或借口躲避，缺乏面对困难的勇气，等等。

畏难心理分为两种：一种是把事情想象得很难，觉得无法做到或做不好；另一种是别人认为这件事很难，受他人和环境的影响，认为自己也无法做到。

畏难是孩子成长过程中常见的一种现象，当孩子面临挑战时，他会推测这件事的难易程度，然后思索这件事自己能否顺利完成，会不会失败，失败后会有什么样的后果。经过一番衡量后，如果答案是否定的，那么孩子很可能会拒绝去尝试。

小志上三年级了，他通过了学校初级美术选拔赛，准备参加市区美术比赛。受疫情防控影响，美术比赛调整为让学生自己在家画好，再把作品上传到指定邮箱。周末，小志的妈妈积极帮小志准备画画工具，让小志可以安心画画。

半小时过去了，小志还没动笔。

1小时过去了，小志还是坐在画纸前，满脸的焦虑不安，但面前的画纸还是一片空白。

妈妈问小志："怎么了，为什么不画呢？"

小志低头小声说："我怕画不好，其他同学都很厉害，我不会得奖的。"

妈妈："你画得很好啊，得不了奖也没关系，我们重在参与。"

小志眼泪一下就流出来了："不行，如果画不好，同学会笑话我的！会很丢脸。"

妈妈："你还没画，怎么知道画不好呢？"

小志哭着冲妈妈大喊："我就是画不好，你就是想让我出丑，我不画了！"

小志画画是有基础的，从他通过初级选拔赛就能说明这一点，但却在决赛时担心画不好，对自己没有信心，迟迟不敢动笔，这是因为小志不自信，迈不过自己心里的那道"坎儿"。类似的案例有很多，很多时候，让孩子打退堂鼓的并不是任务难度太大，而是他对自己缺乏足够的信心和认可。

导致孩子产生畏难心理的原因，主要有以下四点。

（1）**接触新事物时受挫**。

孩子通过不断探索学习新知识，掌握新能力。在面对一个新事物时，一开始都会感到有趣，跃跃欲试，一旦在尝试过程中受到了挫折，很可能就会产生畏难情绪。比如学走路，摔了大大的一跤，孩子受挫感到害怕了，就很可能产生畏难心理，致使很长时间不敢再去尝试。

（2）**任务难度过高**。

对难度的判断分两种：一种是给孩子布置的任务确实很难，远远超出了孩子能力的范围；另一种是孩子认为任务很难，实际上任务在他的能力范围之内，由于把任务想象得过难或者自己缺乏信心，孩子产生了畏难情绪。

（3）**自我效能感比较低**。

自我效能是对自己能否完成一项任务的主观判断与评估，评估的结果会直接影响一个人的动机。美国著名心理学家A.班杜拉提出："个人对自我的评价和态度直接影响着他们的思维模式、情感反应，进而影响他们新行为的习得、好习惯的养成以及抗击挫折和压力时的表现。"这种自我效能，在孩子身上表现得非常明显。

美国斯坦福大学曾做过一组这样的实验：先评估学生们的自我效能感，再给这些学生做一组非常难的题目，同时观察他们的大脑活动。相信自己能够学好，自我效能感比较高的学生，在面对难题时大脑更活跃，思考的时间也更长；而认为自己学得也就这样，自我效能感低的孩子，在面对难题时思考的时间相对较短，大脑活跃度明显要低很多。

自我效能感低的孩子，因为不相信自己能够做好，比较容易早早放弃，这在许多学习困难的学生中并不少见。其实，并不是孩子做不到，也不是孩子不够聪明，而是他的自我效能感过低，早早放弃了思考和努力，影响了大脑功能的发挥，所以看起来没有其他孩子聪明。

> 明明很喜欢打篮球，在练习背后换手运球时总练不好，老师还没批评，他自己就感到很沮丧："这个动作太难了，我背后又没长眼睛，看不到球，我不想练了！我不擅长打篮球，我是个笨蛋……"一直很喜欢篮球的明明，因为一个动作学不会，直接全盘否定了自己，也否定了自己喜欢的篮球。

（4）父母错误的表扬方式。

除了负面评价，错误的表扬方式也会影响孩子的积极性，比如我们经常用来表扬孩子的"你真聪明"。斯坦福大学卡罗尔·德韦克（Carol S. Dweck）教授提出人有两种思维：成长型思维和固定型思维。拥有固定型思维模式的孩子，认为自己的能力取决于智力，而智力和能力是不能被改变的，遇到的挫折或失败是不够聪明的证据。当遇到困难时，他们往往会倾向于放弃，回避挑战，将错误视为失败。

"称赞方式与思维模式发展"的实验

斯坦福大学心理学家卡罗尔·德韦克花了10年时间研究表扬对孩子影响的实验。

在实验中,第一轮测试的题目是简单的智力拼图,几乎所有的孩子都能出色地完成任务。研究人员随机把孩子分为两组:一组得到的是一句关于智商的夸奖,比如"你很聪明";另一组得到的是一句关于努力的夸奖,比如"你刚才非常努力,所以表现很出色"。

随后孩子们参加了第二轮拼图测试。有两种不同难度的测试可选,他们可以自由选择参加哪一种测试。结果发现,那些在第一轮中被夸奖努力的孩子,90%选择了难度较大的任务。而那些被表扬聪明的孩子,大部分选择了简单的任务。由此可见,自以为聪明的孩子,不喜欢面对挑战。为什么会这样呢?德韦克在研究报告中写道:"当我们夸孩子聪明时,等于是在告诉他们,为了保持聪明,不要冒可能犯错的险。"

测试继续进行。这一次,所有孩子参加同一种测试。这次测试很难,孩子们都失败了。但先前得到不同表扬的孩子对失败产生了差异巨大的反应——那些先前被表扬努力的孩子,认为失败是因为自己不够努力;而那些被表扬聪明的孩子则认为,失败是因为他们不够聪明,觉得沮丧。

接下来,他们给孩子们做了第四轮测试。这次的题目和第一轮一样简单。被夸奖努力的孩子在这次测试中的分数提高了 30% 左右，而那些被夸奖聪明的孩子，这次得分和第一次相比却退步了 20%。

对于这个实验的结果，德韦克解释说："夸奖孩子努力用功，会给孩子可以自己掌控的感觉。孩子会认为，成功与否掌握在他们自己手中。反之，夸奖孩子聪明，就等于告诉他们，成功不在自己的掌握之中。这样，当他们面对失败时，往往束手无策。"

父母表扬孩子的方式很大程度上决定了孩子是拥有固定型思维还是成长型思维。多表扬孩子的努力、品质，比如坚持、认真、自信、专注等；尽量少表扬孩子智力高和天赋优。

下面这些行为，是孩子有畏难心理的常见表现。

· 遇到困难爱找借口逃避，没有信心去解决。

· 遇到稍难一些的任务，能拖就拖，不及时去做。

· 面对问题，不知道如何下手，有些不知所措。

· 遇到问题，总想着依赖别人，想让别人替自己解决。

· 在乎别人的评价，情绪比较敏感。

· 如果做得没达到预期效果，容易自我怀疑，甚至情绪崩溃。

· 经常抱怨，把不能解决问题的原因推到其他人或事上。

· 不敢尝试新事物。

· 经常说"太难了""我不会""太多了，我做不完"等类似的话。

· 认为自己做不好，习惯将事情一拖再拖。

· 总爱说自己"笨"或者"我做不到"，而且看起来伤心、易怒、缺乏活力。

· 习惯性地否定自己，认为自己什么事都做不好。

◯ 对策一：停止五种行为

1. 当众否定孩子或指责孩子的不足

有时候父母们聚在一起交流，经常会聊到关于孩子的话题，开启互夸对方孩子的模式，被夸的父母虽然心里美滋滋的，但嘴上说出来的话会非常谦虚，经常否定别人对自家孩子的肯定与夸奖，或者时不时讲孩子的一些缺点以示谦虚。如果这时孩子在旁，他们会非常在意大人交谈的内容，如果听到来自父母的否定，由于孩子不了解父母对外"谦虚"的心理，就会信以为真，认为自己真的有很多不足，不够好。这会影响孩子对自己的肯定和正确认知。

如果说我们成年人的自尊心是一棵饱经风霜的"大树"，对别人的指责有自我调节的能力，那么孩子的自尊就像刚刚破土而出的"小树苗"，缺少自我调节的能力，大庭广众下的责骂会像狂风暴雨一般摧毁孩子这棵稚嫩的"树苗"。

2. 经常在孩子面前抱怨

我们面对来自职场、经济、家庭等各方面的压力，长期处于这些压力之中，难免会产生一些负面情绪，而这些负面情绪，有些会传递给孩子。

比如，有些父母白天工作不太顺利，晚上回到家后，孩子一旦做出了让自己不喜欢的事情，可能就会对孩子抱怨自己每天工作有多么辛苦，养家有多么不容易等。孩子听多了抱怨，自然会感觉生活不公。更可怕的是，这会影响孩子的思维模式，导致他们遇到问题先是去抱怨，而不是寻找解决办法。

3. 对孩子过多负面评价

孩子考试没考好，有些急躁的父母会说："平时让你好好学就是不听，考成这样我都替你感到丢人！"孩子考得好了，有些严格的父母可能会说："你们班考得好的有十几个，不要骄傲，不然下次又会考不好。"这让孩子觉得自己很糟糕，得不到来自父母的认可，自我价值感不断降低。

在评价孩子时，我们可以多从鼓励的角度肯定孩子的优点，多给孩子提些建设性的意见，多告诉孩子应该怎么做。不要总当孩子的"差评师"，过多的批评会剥夺孩子的上进心和自信心。

4. 给孩子无效表扬

孩子考了好成绩，有时父母会随口表扬一句："你真聪明！"考得不好时，有时会安慰孩子："你很棒！""你已经做得很好了。"正如前文小志的妈妈对小志说的"你画得很好啊"，这样苍白无力的好评并不能安慰到孩子，反而会加重孩子过度自我关注的倾向，让他们的感觉更加糟糕。

美国著名心理学家班杜拉认为，"自我效能感"是日常成功做好的一件件小事积累出来的，当积累到足够多的"成功感"，自我效能才会不断提升。如果孩子积累到更多"失败感""无助感"，自我效能就会不断下降。

孩子有足够的精力、耐心和热情去追求学习过程中大大小小的目标，与其说是依托智商与能力，倒不如说是依托自我效能。有时候，真正有效的表扬和鼓励是让孩子立即行动起来，不断地从一件件小事上获得成功，提高自我效能。

5. 在孩子面前表现得无所不能

孩子通过不断完成任务来获得自我肯定与成就感，从而建立自信。如果给孩子展示自己成果的机会，将有助于孩子从他人的认可与称赞中获得自我肯定，得到激励，从而进一步努力。不断的自我展示、积极评价形成良性循环，促进孩子养成良好的习惯，个人能力得到不断发展。

我有个朋友是一名大学教授，他以擅长沟通、博学善辩享誉朋友圈，但他经常自嘲说："我教得了本科生、硕士生和博士生，唯独教不了自己家上小学的儿子。"后来他发现问题不在孩子身上，而是由自己导致的。在他与孩子的沟通中，孩子往往还没说几句，要么被他直接否定了，要么被他滔滔不绝的长篇大论给打断。他把自己的这种行为总结为"大树底下长不出好草"，自己太强了，影响了孩子的成长。

如果父母在孩子面前总是表现得无所不能，久而久之，孩子会认为自己做什么都无法得到肯定，会渐渐地失去信心，变得胆小。父母要学会适当示弱，尤其是妈妈，这样更能激发孩子的挑战欲。

○ 对策二：帮孩子克服畏难心理的方法

教育的关键是要让孩子相信，他拥有让自己变得更好的力量。下面这些方法可以帮助孩子克服畏难心理。

1. 改变看待孩子的视角，用欣赏的眼光看待孩子

改变看待孩子的视角，多发掘孩子身上的长处，用欣赏的眼光看待孩子的问题。澳大利亚心理学家莉·沃特斯认为："父母应该用'优势视角'看待孩子，学会正面教养。"启发、鼓励孩子发现自己的长处和优点，这样不仅能够减轻父母的焦虑，同时也能让孩子内心更加强大和自信。

一天，一位黑人司机载了一对白人母子，孩子问妈妈："为什么司机和我们看起来不一样？"

妈妈回答："因为上帝为我们创造了不同的颜色，我们的世界才如此缤纷多彩。这是上帝做得最酷的事情。"

下车时，黑人司机对这位妈妈说："小时候我也问过妈妈同样的问题，她说我们是黑人，注定要低人一等。如果换成您是我妈妈，我想今天我一定会有不同的成就。"

日常生活中，我们要多尝试从正向视角看待孩子。例如：

（1）孩子内向。

负向视角：孩子内向、不爱说话。

正向视角：性格没有好坏之分，内向型的人，思维缜密，做事严谨，很多成功人士的性格也是内向型的。爱因斯坦、比尔·盖茨、沃伦·巴菲特、斯皮尔伯格、村上春树……他们都是性格内向的人。

（2）孩子胆小。

负向视角：孩子胆小、爱哭。

正向视角：胆小说明孩子很谨慎，对危险会提前做出预判，这样不容易受到伤害；孩子爱哭从某种角度来说也是一件好事，说明他有正确的情绪宣泄方式，不会把负能量积压在心里。

（3）孩子顽皮。

负向视角：孩子顽皮、不听话。

正向视角：顽皮的孩子大多有灵活的头脑，他们有一连串儿的鬼点子，无须过多思考就会迸发出各种有创造力的点子。另外，淘气的孩子一般来说情商较高，喜欢和人打交道，社交能力强。

世界上没有完美的孩子，同样，也没有一无是处的孩子。我们在日常生活中要注意多观察、发掘孩子身上的闪光点，并找到合适的方式让他们发挥自己的潜力。

2. 允许孩子犯错，接受孩子的不完美，接纳孩子的情绪

"快点儿起床，再不起来就要迟到了！"

"快点儿吃饭，再磨磨蹭蹭我就走了，你自己去上学吧！"

"快点儿写作业，再不认真写作业，周末就不要去动物园了！"

父母说这些话时，可能只是不想让孩子再拖延，但对孩子来说，除了催促外，这些话还传递了这样一种信息："只有我乖乖听话，按爸爸妈妈的意思去做，达到爸妈的要求，他们才会爱我，才会高兴，才会满足我的愿望。否则，爸妈会生气，不再爱我了。"父母对孩子的爱是无条件的，但说出的话却让孩子感觉：爸爸妈妈对我的爱是有条件的。而父母之所以经常这样催促，从本质上讲也是对孩子缺点和不良表现的不接纳。父母的不接纳，会让孩子缺乏安全感。

如果忽略了对孩子的接纳与信任，孩子会感觉得不到理解和支持，也容易对父母的说教产生逆反情绪。

我们来看看下面阳阳弹钢琴的这个例子。

阳阳明天要参加钢琴五级考试了，今天晚上正在加紧

练习。但有一首曲子他总是弹错，阳阳很紧张，不停地重复弹，但总是弹不好。他急得哭了起来："我弹不好了，怎么办？妈妈，我明天可不可以不去参加考试了？"

这时，如果你是阳阳的妈妈，你要如何安慰孩子？

第一步，先接纳孩子的情绪。

错误示范："弹不好也没关系，这个考级也没那么重要。"这种安慰会让孩子觉得他天天努力练琴完成考级的这个目标被妈妈给否定了，今后也会放松对弹钢琴的要求。

正确示范："妈妈知道明天你要考级，你现在有点儿紧张，你很想弹好这首曲子，但总是弹不好，你现在很难过，对吗？"不急着否定考级这件事，先接纳孩子的情绪，这会让孩子接收到你的理解，接下来谈话才能继续下去。

3. 肯定、鼓励孩子的付出和努力

多对孩子说鼓励的话，比如：

"爸爸妈妈相信你一定可以做到！"

"我知道这很难，大胆去尝试，我相信你一定可以克服困难。"

"相信你只要努力了，就会有收获、有进步。"

少对孩子说这样的话：

"你会做吗？"

"怎么回事，看看你干的好事！"

"给我，我来吧！"

鼓励会让孩子获得成就感，也是培养孩子自信的一种方式，尤其在孩子面临困难或挫折的时候，最需要的就是父母的肯定、支持和鼓励。这时来自父母的支持和鼓励往往具有不可思议的神奇力量，就像夜晚暴风雨中温暖明亮的灯塔，能让孩子在迷失中重新找回勇气、方向和力量。

当年，我大学毕业前，面临着选择：考公务员还是考研。我顶着巨大的心理压力，放弃在当时看来对我有很大优势的国税系统公务员，而选择了更艰难的考研之路。

经过4个月的疯狂备考，在距离考试20天左右时，我完成了所有的复习，感觉胸有成竹，于是决定利用历年试卷做模拟考试训练。我首先做的是政治模拟考试，结果只考了30多分。这对我来说简直是毁灭式打击，直接摧毁了我4个多月建立起来的信心。巨大的心理落差让我整个人瞬间崩溃，自我否定、悔恨的"巨浪"吞没了我。

我哭着打电话回家，告诉妈妈我肯定考不上了。我妈妈没上过学，不懂得什么大道理，但她安慰我："姑娘不哭，别怕啊。你都努力这么久了，别放弃，妈妈相信你一定能行。再说了，船到桥头自然直，就算考不上，天也不会塌下来，你还有我和你爸呢。"简单朴素的话，在我绝望、悔恨之际，竟然神奇地安抚到了我。挂完电话后，我也平静了下来，又重新投入备考中了。

最终，我也以优异的成绩考入自己的目标院校，而妈妈电话里的那几句话，时至今日都令我印象深刻。如果那时妈妈说的是："让你考公务员，你就不听，看看，现在后悔了吧！"我肯定就彻底崩溃了。

接前文阳阳弹钢琴的案例，这里谈第二步，引导——肯定孩子的努力。

错误示范：

妈妈："不想弹就不弹了。"这会让孩子直接放弃。表面上看孩子变轻松了，但他并未从挫折中恢复。

妈妈："哭什么，明天又不是你一个人考试，别人能弹得好，你为什么不能？"这种指责，拿"别人家的孩子"说事，无异于"火上浇油"，孩子不但没有得到安慰，反而受到批评，这会让孩子产生更大的挫折感。

正确示范：

妈妈："妈妈看到了你的努力，而且你每弹一次都比上次弹得更好一点。"教孩子与过去的自己进行对比，帮助孩子看到自己的进步。

4. 帮孩子分析问题，为孩子提出具体可操作的建议

　　为了安慰而欺骗孩子，这种安慰往往是无效的。如果孩子不付出努力或不做出调整，他还是做不好。因此，当孩子产生畏难心理时，很重要的一点就是告诉孩子事实，帮助孩子分析问题，并提供解决问题的具体建议，引发孩子思考。

　　圆圆最近每到写日记时就趴在桌上无精打采，拖拖拉拉不想写，或者随便写几句就想草草了事，于是妈妈与圆圆有了下面的谈话。

　　妈妈："你最近怎么不爱写日记了？"

　　圆圆："我写得没有晨晨的好，不想写了。"

　　妈妈："我记得之前你付出了很多时间和精力，而且老师说你每次写得都很不错呢。"

　　圆圆："可是最近老师总是表扬晨晨他们，奖励他们小星星，我都没得到。"

　　妈妈："那你还记得刚开始学写日记的时候吗？那时候，你最多能写两三句话，而且有很多标点错误，现在你已经能写满满两页了，标点符号也都用对了。现在的你已经能够独立完整地写好一篇日记了，是非常大的进步！"

　　圆圆："真的吗？那为什么我得不到小星星呢？"

　　妈妈："当然是真的！别人得到小星星说明别人也在进

步，老师表扬他们时说了什么？"

圆圆："老师说晨晨日记写得很生动，有比喻、拟人，让大家向他学习。"

妈妈："你知道什么是比喻和拟人吗？"

圆圆："我当然知道了，老师都教了，可是我写不出来。"

妈妈："那你还记得下午你是怎么形容妈妈的吗？"

圆圆："当然记得了。今天下午我们出去买水彩笔，我都催了你好长时间，可你好慢，你是一位'蜗牛'妈妈，我是行动迅速的'赛车'选手。"

妈妈："嗯嗯，这里你就用了比喻，而且非常有趣，也很生动。今天你就可以把我们一起出去买水彩笔的事写下来，把这些有趣的比喻也写进去，你觉得呢？"

圆圆："嗯嗯，这是个好主意！"

妈妈："加油！我相信你的日记会越写越好。"

5. 每天主动寻找孩子 1 ～ 2 个做得好的地方，及时给予肯定和鼓励

"孩子需要鼓励，就像植物需要水。"但表扬需要注意：表扬过程而非结果。

"我家孩子做什么都不行，我没机会表扬他。"有时我们可能会陷入这样的误区，认为只有当孩子做得好时才值得表扬。其实，当孩

子表现差时，父母更应该去发掘他的"闪光点"，表扬、鼓励他继续努力。

如果孩子努力的结果达到了预期，我们及时表扬孩子在过程中的付出与努力。如果没有达到预期，那就找到孩子在做事过程中值得肯定的地方进行鼓励。

比如：孩子考试没考好。

错误沟通："平时让你好好学，就是不听，就知道天天玩。全班40个学生，你这成绩肯定是倒着数的。"批评指责会加重孩子的内疚感和挫折感，无益于提升学习成绩。

正确沟通："上次考70分，这次考72分，比上次有进步！最近你写作业的速度也比之前快了不少。如果继续保持努力，妈妈相信你下次会考得更好！"

再如：孩子考了100分。

错误沟通："考得这么好，宝贝你太棒了，真聪明！"孩子接收到的信息是"我考得好，是因为我很聪明"。如果下次没考好，孩子会认为自己不聪明了。

正确沟通："你最近非常努力，每次作业完成得很认真，难怪能考这么好！"让孩子充分认识到，考试结果和自己的努力付出是成正比的。"努力学习"是行为，是孩子自己可控的行为，"聪明"体现的是智商，且让孩子感到无法掌控。如果考好是因为聪明，那么考不好不就是不聪明了吗？这会导致孩子无法调整自己的行为。

6. 如果孩子做错了，采用"夹心饼"的方式来批评

接纳、欣赏孩子并不意味着一味纵容，孩子犯错了有时需要及时批评，予以纠正。批评的方式很重要，企业管理学上有一种"夹心饼"式的批评方式，就是先表扬、肯定，再指出问题予以批评，最后鼓励。简言之，就是将批评的内容当作"夹心"，放在表扬和鼓励中间。我发现这种方式用在批评孩子上同样效果显著。

泽泽上学很磨蹭，平时总是踏着上课铃声进教室，最近更是经常迟到，有时甚至迟到十几分钟。泽泽的爸爸和学校老师沟通后，为了让泽泽不再拖，采取了"夹心饼"批评方式。

爸爸："最近你的学习有进步，老师表扬你上课很认真，数学和语文成绩都有提升，爸爸为你感到骄傲。"

泽泽没有说话，但嘴角明显上扬，脸上绽开了笑容。

爸爸继续说："老师今天早上打电话过来，和我说希望你能成为升国旗的预备队员。今天早上老师想找你谈谈，但是没有找到你，等到升国旗开始了也没见到你，打电话问我今天你是不是请假了。"

泽泽："爸爸，你说的是真的吗？我很羡慕升国旗的同学，感觉特别帅！今天在上学的路上，我想起我的钢笔坏了，就去买笔了，结果不小心迟到了。"

爸爸："上学迟到，老师找不到你以为你请假了，这样

会影响到其他同学。"

泽泽低下了头。

爸爸："当升国旗的预备队员不但不能迟到，还要早早到学校才行呢，你能做得到吗？"

泽泽："能，我以后早点儿起床，再也不迟到了！"

爸爸："一言为定！"

泽泽的爸爸先表扬泽泽取得的进步，再指出迟到的错误，最后再鼓励泽泽早早到学校，这样"夹心饼"式的批评方式，不仅不会伤害泽泽的自尊心，而且能够让孩子明白自己的错误，使其发自内心地改正，泽泽上学的积极性得到了很大提升。

○ 对策三：引导孩子制定目标、分解目标

1. 引导孩子制定自己的目标，而不是父母的目标

孩子制定的目标，一定是属于他自己的目标，切忌以父母的标准来要求孩子，同时也要避免直接帮孩子制定目标。只有属于孩子自己的目标，才是有效目标。

平时我们可以花时间与孩子一起讨论他的梦想，帮助孩子记录，最后找出经过努力可能达成的目标。可以让孩子把自己的目标写下来贴在醒目的地方，并记录孩子的进度和为此付出的努力，持续激励孩子去完成自己的目标。

2. 目标要切合实际，不要过于理想化

制定目标的目的是要孩子树立自信心，克服畏难情绪。所以，目标的设置一定要考虑孩子的爱好和特长。不要让不喜欢音乐的孩子去学弹琴，让不爱运动的孩子去打球，这是"扬短避长"，而是要结合自己孩子当下的实际水平，制定的目标要切实可行，是孩子跳起来能够得着的。

制定目标时要避免下面三个问题。

目标过高。目标过高只会加重孩子的畏难情绪，让孩子变得更加焦虑和拖延。

目标过于长远。"望山跑死马"，过于长远的目标，孩子很难在短时间内完成，这样的目标就很难起到激励作用。

目标过多，没有重点。目标过多相当于没有目标。我们要结合孩子的自身特点，抓住重点目标，充分挖掘孩子的潜力。

前文提到的明明，很喜欢打篮球，可是由于害怕承担来自爸爸的压力，拖着一直不愿意参加篮球训练。

明明的爸爸希望篮球能陪伴孩子成长，发展为孩子的一项特长。为了让孩子好好练习篮球，他和明明来了一场关于篮球梦想的讨论。

爸爸："你的偶像是科比，是吗？"

明明一听，来了兴趣："是的，科比打球技术很好、超帅！我非常喜欢科比，我长大也想成为像科比一样厉害的篮球

运动员……"

爸爸："这是一个非常伟大的梦想，很棒，我也很欣赏科比，我支持你这个想法。你打算怎么实现呢？"

明明想了一会儿，回答："我会有时间就练习打篮球啊。"

爸爸："想当像科比那样世界级的篮球运动员，要坚持训练才有可能实现。我们先定一个小目标，通过这学期努力，我们争取进校队，怎么样？"

明明："为什么要进校队啊？校队的同学打得不怎么样，我打得比他们好。"

爸爸："校队代表着你们学校篮球最好的水平，既然你打得比他们好，那就进校队给他们看看；而且进校队才能得到更好、更专业的训练，会让你离科比更近一步。"

明明认真思考着爸爸的话，过了几分钟，说："有道理，我要进校队！"

爸爸："进校队，听说要通过考核才可以。"

明明："还要考核啊，那我得加紧练习才行。"

爸爸："正好有个课后篮球训练，每天晚上训练1小时。你要不要参加？"

明明："参加，我要进校队！"

3. 目标要具体、量化、可执行

如果孩子面对一个任务有畏难心理，那就引导孩子先制定一个通过努力可以达成的目标。不管是长远目标还是近期目标，一定要简单、具体、可量化。相较于模糊目标，量化目标对于孩子来说更容易理解与执行。

比如，对于学期阅读任务：

模糊目标："阳阳，老师要求你们这学期要多阅读，快点儿去看书！"这种目标让阳阳感到迷茫，他不知道看哪本书，也不知道从哪开始读，每天读多少页，用多长时间。

量化目标："阳阳，这学期老师要求你们多阅读，咱们先从《西游记》开始，每天读 20 页，好吗？"

09
大人包办

"孩子做事慢，父母习惯帮孩子做"

多多6岁了，由于父母工作忙，她从小就由奶奶带。奶奶特别宠多多，孩子吃饭吃得慢，奶奶就追着喂；衣服穿得慢，奶奶就帮她穿；甚至上厕所，也一直由奶奶在一旁陪着。这导致多多幼儿园都快毕业了，吃饭穿衣还是不能完全自理。

而妈妈因为疏于照顾，加之心存内疚，对奶奶溺爱孩子的行为也就睁一只眼闭一只眼。

上小学后，更多的问题开始暴露。每次写作业，一旦遇到难写的地方，多多就哭闹："妈妈，我不会写。"叫妈妈或奶奶来帮忙写，而她自己却在一旁玩起了玩具。

妈妈开始担心起来，于是，在多多又遇到困难不会写的时候，妈妈想让多多自己先思考，没想到多多却直接把书本推到一旁，大声嚷嚷道："我想不出来，你不帮我，我就不做了！"

多多的妈妈气得心口疼。

有一次，我去接儿子放学，遇到一位妈妈接一个八九岁的小姑娘放学。只见小姑娘从学校出来，妈妈立马迎上去，一边快速接过孩子的书包自己背上，一边拧开水瓶盖给孩子喂水喝。

这时，小姑娘向妈妈要了手机，边走边看手机，妈妈提醒小姑娘注意看脚下的路。可就在妈妈拿出纸巾想给小姑娘擦汗的时候，小姑娘没注意，摔倒在了台阶上。妈妈马上扶她起来，可小姑娘却愤怒地甩开妈妈的手，冲妈妈大发脾气："都是你不好，你怎么不告诉我这儿有个台阶？"

一个八九岁的孩子，背书包、擦汗、喝水、走路注意脚下，这些本该自己做的事，却由妈妈代劳了，而在孩子眼中这些却是理所当然的。

☺ 导致孩子拖延的因素：大人包办

会背诵唐诗但不会收拾房间，会画画但早上起床要让父母喊，会背乘法口诀但不会系鞋带，会弹钢琴但放学书包不会自己背，读书让老师催、写作业让父母陪……孩子的这些行为，在生活中屡见不鲜。

很多父母总是抱怨孩子依赖性太强了，其实导致这种现象的原因可能是父母自己潜意识里离不开孩子，习惯性地去帮助孩子做很多事情。在婴儿期，孩子需要父母代劳或帮助，但随着孩子成长，父母需要改变以往的行为方式，适时放手，让孩子独立完成自己的任务。

每一个拖延的孩子背后，总有一个替他们将所有事情都打理好的家长。很多父母总嫌孩子做得慢或担心孩子做得不好，然后就一切大包大揽，给孩子"全方位"的服务，让孩子饭来张口，衣来伸手，白天接送，晚上陪读。这也是很多父母非常勤快，但孩子却出现"拖延症"的原因。父母习惯性替孩子打理好一切，孩子也就会习惯性依赖父母，什么事都想丢给父母去做。久而久之，孩子在做事情时就会出现拖延的现象，因为他们知道，反正有人帮我收拾这些"烂摊子"。

那么，父母包办会对孩子产生哪些影响？

1. 剥夺孩子学习独立处事的机会，孩子缺乏独立性

做任何事都会经历一个熟能生巧的过程，如果我们不让孩子自己动手，孩子从哪里来的"巧"呢？剥夺了孩子自己动手的机会，也意味着剥夺了孩子自信的机会。孩子的成长需要自己亲自体验、实践、反复锻炼。"站在岸边永远学不会游泳"，只有在锻炼中孩子才能积累属于自己的人生经验。如果父母总是去代办，反而会导致孩子丧失各项基本能力。

大量科学研究表明，父母事事包办的做法对孩子成长来说有百害而无一利。被掌控着长大的孩子会因为害怕出错而缺乏决策能力，

会因为得不到指示而表现失常，自己思考时会感觉吃力。这样的孩子往往缺少独立性，未来也无法独立应对社会的各种挑战。

2. 容易让孩子养成懒惰懈怠的性格

有的父母想让孩子把主要精力放在学习上，孩子生活方面的事情，父母总想事事代劳，这就让孩子像个小皇帝或小公主一样衣来伸手饭来张口，形成"以自我为中心"的生活态度，变得做事被动、懒惰懈怠、自私自利、任性蛮横，没有自主能力，缺乏与人合作的能力。这样的孩子往往是索取型人格和"支配—统治型"人格的结合体，长大后也很可能成为一个离开父母就无法生存的"巨婴"。

3. 孩子无法体谅父母的辛苦

习惯替孩子代办，属于溺爱式教养方式。这种溺爱会阻碍孩子应对挑战、提升能力。长此以往，孩子就会在这种"寄生虫"式的生活中变得消极、被动、自私、冷漠，就像前文中的小姑娘一样，明明是自己错了，反而责怪妈妈。如果孩子无法体会父母的辛苦，无法对父母产生共情，那长大后很可能会成为"啃老族"而不自知。

请你想想，你经常有下面这些行为表现吗？

· 经常帮孩子穿衣、洗澡等。

· 看到孩子在洗水果，担心他洗不干净，就自己来洗。

· 看到孩子自己拿杯子倒牛奶喝，担心他倒洒，就帮孩子倒。

· 看到孩子自己系鞋带，担心他系不好就帮他系。

· 出门玩时，习惯帮孩子在出发前整理、带好出行物品。

· 孩子自己做事时，总嫌他太慢或做得不够好，频繁打断，为他代劳。

· 看到孩子书桌比较乱，习惯性帮孩子整理书桌。

· 每天帮孩子整理书包，准备第二天上学的衣服等。

· 不舍得让孩子做家务。

· 常有这样的心态："孩子只用专心学习就好了，其他的小事不用他操心。"

☺ 对策：培养孩子的独立性

苏联著名教育家苏霍姆林斯基曾说："教育不能总是牵着孩子的手走，还是要让他独立行走，使他对自己负责，形成自己的生活态度。"改善孩子拖延的问题，可以从培养孩子独立性开始。

1. 做"懒父母"，改变替孩子包办的习惯

孩子只要一拖延或者做不好，父母就急着去代劳，甚至为了让孩子写作业快点儿，把其他事情，比如换衣服、收拾书桌、削铅笔等都代劳了。这种能锻炼孩子适应环境能力的事情，应尽量交给孩子自己做，不代劳。

父母要学会"偷懒"，尝试适当退出孩子的生活，提醒自己："授人以鱼，不如授人以渔。"既然不能陪孩子走完他们的一生，与其事事躬亲，把孩子照顾得不能自理，不如早日放手，教会孩子如何照顾好自己。即使孩子做得再慢、再不好，建议多给孩子一些耐心，放手让他们自己去做。

面对孩子一次次的磨蹭，如果父母每次都忍不住代劳，那么孩子很可能会更拖延，因为他知道总会有人来帮自己"解决"。一旦被逼着做事，他们会拿拖延作为"逃避劳动"的手段。

为了更好地照顾豆豆，豆豆的妈妈辞去了高薪工作，在家专职照顾豆豆的学习和生活，有时甚至会无条件满足孩子。

豆豆晚上磨磨蹭蹭不肯睡觉，让妈妈读故事听，妈妈就不顾疲惫，一直给他讲，直到孩子入睡。早上为了让豆豆多睡会儿，妈妈先帮豆豆把衣服穿好才舍得叫醒他……

可现实是，豆豆越来越拖延，而且要求越来越多，经常支使妈妈去做各种事：

"给我把袜子穿上。"

"给我把书包收拾好。"

"水果怎么还没送来？"

…………

豆豆还常常抱怨学校作业太多、太难，甚至让妈妈帮忙代写作业，得不到满足就撒泼打滚。

豆豆的妈妈对此感到很疲惫，也非常困惑，不知道问题出在哪儿了。

后来，听从专业人士建议后，豆豆的妈妈开始适当拒绝，拒绝帮豆豆做他自己力所能及的事，无论豆豆怎么哭闹都狠下心来不理会。结果发现，豆豆是可以自己做好自己的事的，虽然刚开始难一些，但慢慢地，孩子总能自己做好，也变得越来越独立，不再事事依赖她。豆豆的妈妈也重新回到了工作岗位。

2. 生活上，从日常小事做起，让孩子养成"自己的事情自己做"的习惯

洋洋的妈妈从小注重对孩子生活自理能力的培养，洋洋1岁左右的时候，她就教孩子自己吃饭；2岁左右让孩子学穿衣服；洋洋再大点儿就让他帮自己做饭，收拾碗筷；再大点儿就让孩子学着买东西、洗衣服……

洋洋现在是小学四年级的学生了，日常生活自理能力非常强。

暑假期间，洋洋的爸爸妈妈要出差半个月，他们从来没出去过这么长时间，因此担心洋洋独自在家照顾不好自己。可等他们出差回来后，看见的是洋洋把家里的东西摆

放得整整齐齐，自己的卧室也收拾得非常干净，洋洋的父母为此感到特别欣慰！

哈佛大学研究发现："爱做家务与不爱做家务的孩子相比，成年之后就业率为 15 ∶ 1，犯罪率为 1 ∶ 10。爱做家务的孩子，拥有更高的心理健康指数和家庭幸福指数。爱做家务的孩子在学业上，往往表现得更加优异。"

打理好自己的生活是孩子成长的"刚需"，可以帮助孩子养成"自己的事情自己做"的好习惯，让孩子独立完成日常生活中自己必须要面对的事情，而不是想方设法地寻求他人的帮助。比如，自己定闹钟起床，自己洗漱、洗澡、整理自己的书桌、收拾打扫自己的房间等。在此基础上，逐渐承担适量的家务，具体劳动内容，可以参照教育部下发的《义务教育劳动课程标准（2022 年版）》来执行（见表3）。

表3　义务教育（1～9年级）劳动课程标准（部分）

第一学段（1～2年级）
任务群 1：清洁与卫生 · 开展简单的清洁劳动，用笤帚扫地、用拖把拖地等。 · 用合适的洗涤用品洗餐具，用肥皂、洗衣液等洗红领巾。 · 辨别不同类型垃圾桶，知道垃圾分类投放的要求。 · 坚持用科学的方法洗手，独立完成与个人卫生相关的劳动。 任务群 2：整理与收纳

第一学段（1～2 年级）

- 根据需要，整理自己的生活用品、学习用品，如衣物、玩具、书本、文具等。
- 整理自己的书包、课桌和居室的书柜及书桌，能按照物品类别、形状等整齐摆放。

任务群 3：烹饪与营养
- 参与简单的家庭烹饪，比如择菜、洗菜等。
- 根据需要选择合适的工具削水果皮，用合适的器皿冲泡饮品。

任务群 4：农业生产劳动
- 种植和养护 1～2 种当地常见的水培或土培植物，如绿萝、文竹等，或饲养 1～2 种小动物，比如金鱼、蚕等。
- 观察植物的生长发育情况，了解小动物的生长发育情况与生活习性，知道身边常见动植物的养护方法。

任务群 5：传统工艺制作
- 选择 1～2 项传统工艺制作项目，如纸工等。了解制作需要的基本材料和常用工具，会制作简单作品。
- 初步运用文字及图画表达自己的方案构想，对工艺作品进行简单的评价。

第二学段（3～4 年级）

任务群 1：清洁与卫生
- 用合适的洗涤用品清洗自己的鞋袜、内衣和书包等。
- 正确使用卫生工具，参与教室卫生打扫，将桌椅摆放整齐。
- 分类投放垃圾。
- 正确使用消毒纸巾、棉球和洗手液，在公共场所能自觉做好个人防护。
- 通过清洗、打扫、消毒等活动，创设洁净的生活环境和学习环境。

任务群 2：整理与收纳
- 定期整理居室里的书柜、衣橱、鞋柜和教室里的"图书角"、卫生柜、讲台桌面。
- 将物品摆放整齐，归类收纳，做到有序、合理、便于取用。

任务群 3：烹饪与营养
- 使用简单的烹饪器具对食材进行切配，按照一般流程制作凉拌菜、拼盘，学习用蒸、煮方法加工食材。如：制作水果拼盘、加热馒头、

第二学段（3～4 年级）

包子，煮鸡蛋等。

任务群 4：家用器具使用与维护
· 正确使用 1～2 种家庭常用小电器，比如吹风机、吸尘器等，完成劳动任务。
· 认识、了解厨具的种类和作用，正确使用厨房小家电参与家庭烹饪劳动，如用电饭煲煮饭。

任务群 5：农业生产劳动
· 选择当地 1～2 种常见的蔬菜，如大白菜、西红柿、黄瓜等进行种植，或者根据区域相关规定，合法合规选择 1～2 种家禽进行饲养。

任务群 6：传统工艺制作
· 选择 1～2 项传统工艺制作项目，比如纸工、泥工、布艺、编织等，了解制作的技能和方法。
· 识读简单的示意图，尝试设计简单作品，并参考规范流程进行制作。

任务群 7：现代服务业劳动
· 在批发和零售业，文化、体育和娱乐业等现代服务行业中，选择 1～2 项与自身日常生活密切相关的项目进行实践、体验，如开展班徽设计等文化创意服务活动。

任务群 8：公益劳动与志愿服务
· 以校园、社区为主，参加 1～2 项力所能及的公益劳动与志愿服务。

第三学段（5～6 年级）

任务群 1：整理与收纳
· 通过对物品的整理与取舍，清理自己的学习与生活空间。
· 初步掌握对物品、居室进行整理、清洁的方法，较为充分、合理地利用家居空间。

任务群 2：烹饪与营养
· 用简单的炒、煎、炖等烹饪方法制作 2～3 道家常菜，参与从择菜、洗菜到烧菜、装盘的完整过程。
· 能根据家人需求设计一顿午餐或晚餐的营养食谱，了解不同烹饪方法与食物营养的关系。

第三学段（5～6年级）

任务群 3：家用器具使用与维护
· 了解家庭常用电器，如电视机、电冰箱、洗衣机等的功能特点，掌握基本操作方法。
· 根据需求选择使用功能，规范、安全地操作。例如：使用洗衣机的不同功能洗涤不同材质的衣物；使用电饭煲满足食品制作的不同需求。

任务群 4：农业生产劳动
· 种植与养护 1～2 种当地常见的蔬菜、盆栽花草、果树等，合法合规饲养 1～2 种常见家畜，如兔、羊等。
· 体验简单的种植、饲养等生产劳动，初步学习种植、饲养的基本方法。

任务群 5：传统工艺制作
· 选择 1～2 项传统工艺制作项目，如陶艺、纸工、布艺等，了解其特点及发展历史，初步掌握制作的技能和方法。
· 读懂基本的实体图、示意图、装配图等。
· 根据劳动需要，设计方案并选择合适的材料和工具制作简单作品。

任务群 6：工业生产劳动
· 选择 1～2 项工业生产项目，如木工、金工、电子等，进行简单产品模型或原型的加工，初步体验工业生产劳动过程。
· 熟悉所选项目的工具特点、设备特点。
· 识读简单的产品技术图样，根据图样制作产品的模型或原型，完成产品模型或原型的组装、测试。

任务群 7：新技术体验与应用
· 选择 1～2 项新技术，比如三维打印技术等，初步进行劳动体验与技术应用。
· 熟悉某项新技术的主要功能及简单的使用方法。
· 识读简单的产品技术图样，并应用某项新技术进行简单产品的加工，记录某项新技术在改变传统加工方式、提高生产效率和生活品质等方面带来的主要变化。

任务群 8：现代服务业劳动
· 选择 1～2 项现代服务业劳动项目进行参与、体验，如体验现代物

第三学段（5～6年级）
业管理。 · 初步了解新兴现代服务业的类别、内容及其劳动过程与特征。 任务群9：公益劳动与志愿服务 · 参与1～2项公益劳动与志愿服务劳动项目。例如：参与校园绿化环境维护、为当地养老院老人制作节日食物等。

3. 学习上，多引导鼓励，而不是代替孩子应对困难、解决问题

很多父母会监督、催促孩子好好学习，这导致很多孩子以为学习是父母和老师压在自己身上的"重担"。对于这种情况，首先我们要让孩子意识到学习是为了自己，必须得自己负责；在行为上，父母要想让孩子学会独立，就得学会放手，给孩子自理的机会，让他们自己做自己的事情，去应对、解决各种学习问题，从中汲取经验和教训，不断成长。

比如，孩子遇到问题时，告诉孩子："你可以向父母或老师求助，但需要自己先思考，尝试寻找解决问题的办法。"对于孩子提出的问题，有些父母由于忙或懒得解释，会选择直接告诉孩子答案或让孩子自己去看答案。这让孩子形成遇到问题不先思考，而是依赖他人的习惯。孩子遇到问题时，父母不要怕麻烦，应鼓励孩子勇敢应对，引导他们逐步去思考，减少依赖心理，进而培养他们独立解决问题的能力。

涵涵是五年级的学生，她的父母都是老师。不论女儿

在生活还是学习方面遇到了问题，他们总是先让涵涵自己先动脑思考，鼓励她说出自己的想法。如果涵涵还是想依靠他们，他们就会明确拒绝，在孩子冷静后，再引导她去自己解答，最后得出自己的答案。

在父母的正确引导下，涵涵的学习思路比一般同学要开阔，在一次数学竞赛上，涵涵凭着自己良好的思考能力，获得了一等奖。

从孩子蹒跚学步，父母就要教孩子学会自己独立面对困难，让孩子自己解决属于自己的困难。刚开始，有时父母可能狠不下心，不忍看着孩子哭闹，独自面对困难，这时只有稍微再冷静些，坚持支持、鼓励，这样孩子才能尝试自己"站起来"，学会独立。

4. 帮孩子学会独立选择

同样是 1 小时的时间，骑自行车，两脚使劲踩只能跑 10 千米左右；开汽车，一脚轻踏油门能够跑 100 千米左右；坐动车，闭上眼睛就能到达 300 千米之外；乘飞机，吃着美食可以跑 1000 千米。

人还是那个人，选择的工具不一样，结果却有天壤之别。人这一生，有时选择往往大于努力、智商。

对于孩子来说，选择会影响他未来的生活、学习、人际关系，并成为其个性的一部分。

父母应该多给孩子选择的机会，让孩子在思想上逐渐独立，学会为自己的行为做选择，做决定。

那么，应该怎么帮孩子锻炼选择的能力？

（1）让孩子知道自己有选择的能力和权利。

对于五六岁的孩子来说，可以通过日常生活中简单的选择，慢慢地让他学习这项技能，像平常吃什么、穿什么，以及去哪儿玩耍，让孩子自己选择。比如，询问孩子："你想吃草莓，还是葡萄？""今天你想穿红色的外套，还是蓝色的？"

大部分孩子虽然做了选择，但并没能力把这些小小的决定考虑得很清楚。没关系，这是迈出学习选择的第一步，等孩子渐渐长大，将会意识到摆在面前的选择的重要性，并会做出更加重要的决定。

（2）在孩子没能力为自己做选择前，替孩子做选择。

在孩子心智不成熟，父母需要替孩子做决定时，可以把为什么这样选择、为什么这么做的理由告诉孩子，哪怕孩子还听不懂。这种反复练习，可以让孩子从父母的言行中学习如何选择，还能让孩子拥有安全感。给予孩子太多自由可能会让他不知所措。相反，设定界限，为孩子划定可以自由做选择的范围，做简单的解释，可以帮孩子学到什么是对与错，什么是明智或愚蠢的选择。

从帮孩子做决策，逐渐过渡到与孩子一起做选择，是父母传授给孩子独立决策必经的一个过程。

（3）尊重孩子的选择。

妈妈带西西去买衣服，在去的路上告诉西西："今天妈妈让你自己选你喜欢的衣服，好吗？"

到了店里，西西想要一件白色的裙子。妈妈说："哎呀，白色太容易脏了，你看看有没有别的喜欢的？"

于是，西西又选了一件黄色的。妈妈又说："小虫子特别喜欢黄色，这颜色招虫子，你看那件粉色的怎么样？"

最后，西西在妈妈的建议下，买了一件粉色的裙子。后来，妈妈再让西西选自己喜欢的衣服时，西西明显没有兴致，不想再选了，因为她知道反正最终还是妈妈说了算。

既然给了孩子选择的自由，就要尊重孩子的选择，不否定孩子的选择，否则只会打击孩子的自信心。孩子很享受自己的选择带来的成就感，尽管有时选择很简单。人在能掌握某种控制权的环境中更易成功，通过拥有选择权让孩子感知自己的能力和重要性，有助于改善孩子因不愿做而故意用拖延的方式来反抗的行为，也有助于孩子建立起自尊心。

（4）让孩子自己做选择，选择范围很重要。

很多时候孩子做的选择可能是错误的，怎么办？这种情况下，就问自己一个问题：如果孩子做了错误的选择，带来最坏的结果是什么？如果这个结果不影响孩子的安全、健康，又在自己的可承受范围内，那就放手，大胆让孩子自己做决定，体验选择带来的快乐与纠结。比如：

孩子想剪一个超丑的发型。同意！（反正头发还会长出来。）

孩子把零花钱胡乱花掉。同意！（下次注意少给点儿。）

下雨了孩子不想打雨伞。同意！（没关系，孩子被雨淋后，长点儿教训，以后会更好地照顾自己。）

孩子想玩一整天，晚上再写作业。同意！（让他自己尝尝熬夜写作业的滋味，第二天被老师批评的后果。吃一堑长一智。）

孩子想在陡坡上玩滑板，从高处滑下来。同意！（给他做好安全防护措施。）

如果孩子做的是个错误的选择，就要让他亲身经历错误行为带来的后果，让他对自己的行为负责，这比任何说教都管用。

同时，也可以利用让孩子拥有选择权来解决孩子拖延的问题。比如：

"怎么又看电视，作业写了吗？"或"写作业时间到了，是现在关电视还是 5 分钟后关？"

"怎么还在睡觉，上学要迟到了！"或"起床时间到了，是现在起床还是 3 分钟后起？"

"怎么吃个饭也这么慢，不许再边吃饭边看电视！"或"边吃边看只能看一集，吃完饭再看，可以看两集，你选择哪一个？"

5. 父母的认可与表扬，是孩子走向独立的不二法宝

对于孩子表现出的每一个成长与进步，来自父母的认可与表扬都会让孩子有更大的兴趣与信心，"百尺竿头，更进一步"。但在表扬时，很多父母表扬的对象会有偏差。比如"篮球打得真棒！""字写得真工整！"这些表扬虽然也能起到激励孩子的作用，但效果却是打了折扣的，因为这些表扬是"对事不对人"的。"对事不对人"的表扬比不上那些"对人对事"的鼓励，后者对孩子良好行为的培养效果更佳。

因此，我们可以在表扬后再加上一句对孩子本人的表扬："篮球打得真棒，你真是一个爱运动的好孩子！""字写得真工整，你是一个认真的孩子。你知道吗？你认真做事的时候特别帅（特别可爱）！"

最后，培养孩子独立性需要注意四个问题。

一是不要求过高。已经做得很好的，没必要再过问；再怎么努力也暂时做不到的，更不用着急培养，心急吃不了热豆腐。

二是允许孩子求助。让孩子知道爸爸妈妈是他坚强的"后盾"。注意不要让孩子误认为"爸爸妈妈在偷懒"或者"爸妈撒手不管我了"。要直接告诉孩子，任何时候都可以主动向爸爸妈妈求助，爸爸妈妈非常乐意帮助他。很多父母虽然认同这一点，但并没有好好告诉孩子，导致孩子并没有收到来自父母的支持，认为自己"孤立无援"。

三是父母以身作则，积极引导。我们都知道给孩子树立榜样的

重要性，但有时，刻意当榜样，不如和孩子一起参与，给孩子难度适中的任务，我们在任务中扮演好自己的角色，引导孩子一起把事情做好。

比如，孩子总是磨蹭着不愿意收拾自己的房间，我们可以在周末空闲的日子告诉孩子："我们一起来给房子做大扫除吧！"然后与孩子一起制订计划，让孩子参与分配任务，引导孩子自己打扫整理自己的房间，然后与孩子共同劳动。这比简单指使孩子去打扫自己房间效果要好多了。

四是安全放第一位。鼓励孩子独立做事的前提是确保孩子是安全的。对于那些有安全风险的事情，比如一个人过马路、一个人乘车、一个人去上学、一个人学做饭等，和孩子讨论的重点不是"独立去做什么"，而是先培养孩子的安全意识，告诉孩子"不能做什么"。

10
榜样的力量

☆

"妈妈你出门化妆都要 1 小时，凭什么催我快点儿？"

跳跳三年级了，嘴皮子特别溜，想法多、意见多，是一个古灵精怪的小姑娘。她平时做事拖拖拉拉，妈妈想让她快点儿，但跳跳讲起大道理来滔滔不绝，妈妈有时根本讲不过她，只得甘拜下风。

有一次，跳跳在日记里写道："我有个特别爱臭美的妈妈，她特别喜欢化妆，不打扮 1 小时'决不罢休'。每次出门前，我和爸爸都要催她好多好多次。每次妈妈都说：'快了快了，马上就好了。'可就是看不到她的人影，我和爸爸等得都要变成'化石'了。我妈妈这么慢，我都没嫌弃她，可她竟然嫌我慢，天天对我念叨：'起床怎么这么慢？洗漱怎么这么慢？吃饭要快点儿！作业怎么还没写完啊？……'还说我是家里的'大磨王'。我觉得'大磨王'这个称号应该给妈妈，她可比我慢多了。"

拖延或许是人类的天性，不仅孩子爱当"小磨王"，大多数父母身上或多或少都有拖延的影子，只是程度不同而已。像跳跳的妈妈，可能在其他事情上并不拖延，只是在化妆时特别慢。在妈妈看来，化妆需要精心细致，可在孩子和爸爸看来，妈妈就特别拖延。从跳跳的日记里可以看出，跳跳对妈妈的管教表示不服。跳跳的妈妈"只许州官放火，不许百姓点灯"的"双标"做法引起了跳跳的不满，所以跳跳的妈妈在纠正孩子拖延的问题上很无力。

⊙ 导致孩子拖延的因素：模仿父母的拖延行为

1. 孩子模仿父母是天性

模仿是孩子的天性，孩子从牙牙学语到上台演讲，从蹒跚学步到奔跑跳跃……其早期能力都是从模仿中获得的。父母是孩子最初的"模仿对象"，也是他们的第一任老师，正如蔡元培所说："家庭者，人生最初之学校也。"尤其是在6岁之前，孩子几乎没有分辨是非对错的能力，不管什么信息，孩子都会一股脑儿地接收、模仿。这段时期，孩子的父母或其他养育人（如爷爷、奶奶等）对孩子的行为习惯影响非常大。孩子部分性格、思维习惯、行为方式也在模仿家庭成员中逐渐形成。如果父母有拖延的习惯，也会很容易直接复制到孩子身上，这就是常说的"孩子是父母的'复印件'"。

2. 父母是孩子的第一任榜样

《宋史》有言："人不率，则不从；身不先，则不信。"父母以身作则的示范作用，强过成千上万遍的催促与责骂。做一个令孩子信服的榜样，胜过费尽口舌的说教。

孩子的性格和才能，归根结底是受家庭、父母，特别是母亲的影响最深。父母平时的一言一行、一举一动，父母对他人的态度、行为习惯和品质等对孩子都有着深刻的影响。这种榜样力量会在孩子较小的时候起到直接的作用，纵向会潜移默化地影响孩子的人生轨迹，传播给他的子孙后代；横向会影响到孩子周围的亲朋好友。

上述案例中爱拖延的跳跳，其实是受妈妈的影响。所以，跳跳的妈妈如果想解决跳跳拖延磨蹭的问题，首先得改掉自己拖延的习惯。如果父母没有起到好榜样的作用，即使掌握再多的育儿知识、采取再好的教育方式，都很难真正帮助孩子改掉拖延的习惯。

◯ 对策：成为孩子的好榜样

1. 言行一致，以身作则

孩子是父母的一面"镜子"，很多父母下意识的言行不一致，很大概率会通过孩子的行为展现出来。比如：爸爸一边要求儿子认真读书，不玩手机，一边自己坐在一旁刷手机。如此，孩子当然也不会专心读书，会想方设法找机会玩手机。要求孩子之前，父母是否看到自己身上的不足呢？

孟子曰："行有不得者，皆反求诸己。"遇到问题先从自己身上找原因，孩子的行为相当于给父母"照镜子"，多从孩子身上发现自己的缺点。如果孩子做事拖延，甚至振振有词、不服从管教，这时，父母不要着急上火，先反思一下自己是否有类似行为。如果有，那就先从自己做起，要求孩子怎么做，自己先要做个表率，做到言行一致。

好的教育是父母给孩子做好榜样，以生命唤醒生命。如果我们每个人的生命是一棵树，那孩子就是一粒种子。我们要做的是用自己的言传身教、以身作则去唤醒这颗幼小的种子，让它生根发芽、自然生长、勇敢面对风吹雨打，最终长成参天大树。

"一流的父母当榜样，二流的父母当教练，三流的父母当保姆。"其实，最好的家庭教育，就是父母做最好的自己，努力过好自己的生活，这样就是给孩子树起了最好的榜样。

2. 行胜于言，少说多做

相较于每天不断对孩子提各种要求，更好的教育方式是管住自己的嘴，以实际行动化解亲子对抗。少唠叨、少指责，默默地做好自己，做一个"春风化雨，润物无声"的好榜样，这种无声的力量就是最强有力的力量。

小时候，我妈妈非常勤快，爱干净，做事手脚麻利，每天都把家里收拾得干干净净的。

当时，家里没有洗衣机，衣服都得自己手洗。每次我洗衣服，总是抱怨不断，妈妈总是默默帮我洗，以至于后来在家里我很少洗衣服，因为妈妈全包了。她总是默默包容我的抱怨，不指责，不唠叨，安安静静地在做事。这种潜移默化的力量，影响到了我的大学生活。

读大学时住宿舍，室友对我的评价是特别爱干净，经常包揽打扫宿舍的活儿，室友曾开玩笑说："衣服没穿破也被你洗破了。"当时我才意识到，爱干净已经是刻在我骨子里的习惯了。

3. 帮助孩子选择朋友

瑞士著名发展心理学家让·皮亚杰曾提出过"童年时代有两个世界"，一个是成年人与儿童相互作用的世界，另一个是同伴与儿童相互作用的世界。这两个世界以不同的方式对儿童的发展产生影响。

在生命的早期，父母对儿童的影响较大。进入小学后，孩子逐渐离开父母，同伴对孩子的发展影响起着越来越重要的作用，随着年龄的增长，孩子对同伴的依赖可能会胜过对父母的依赖。

"近朱者赤，近墨者黑。"孩子的朋友圈，会影响到他的生活轨迹，甚至是未来。那么，作为父母，我们如何帮孩子选择适合的朋友呢？

首先，鼓励孩子与充满正能量的人交朋友。一般这样的孩子会有几个特质：上进，浑身充满了斗志；乐观，像小太阳一样，照到哪里，哪里就有光亮，满满的正能量；自律，具有超强的自我控制力，能够激发身边的朋友，一起抵御外来的不良诱惑，坚持把自己的事情做完；诚实善良，善于为他人考虑、懂得分享；等等。

总之，一个充满正能量的朋友，能帮孩子变得更积极、勇敢，对生活充满探索、渴望，能驱动他成为更好的自己。

一定要让孩子远离消极的人，这样的人像一颗点燃了引线的炸弹，可能会随时爆炸，炸伤身边的人，摧毁身边的美好。

其次，重点关注孩子的同桌、同宿舍室友。在学校，同桌、同宿舍室友几乎是和孩子在一起时间最长的人，他们的品德与行为对孩子的影响非常大。

> 小池读小学时，她的同桌成绩很好，一直是班里第一或第二名。小池的成绩虽然比不上同桌，但也不差，在班上一直稳定在前五名。小池升入初中后，学校要求住校，与小池同宿舍的是一个不爱学习、全部心思都放在穿衣打扮上的女生。受她的影响，小池也开始向妈妈提要求，要买漂亮衣服和鞋子，起了和室友攀比的心思。成绩也直线下滑，落到了二十名之后。
>
> 小池妈妈很担忧，她找班主任商量希望能给小池换个室友。

最后，父母要努力与孩子成为朋友。从某种意义上来说，父母是孩子最好的玩伴。尤其是对于年龄较小的孩子来说，与父母一起玩可能是他们更喜欢的。在与孩子游戏的过程中，孩子也可以养成良好的习惯，与父母产生更深的情感羁绊。

4. 鼓励孩子阅读名人传记

从孩子读小学二三年级开始，父母可以有意引导，让孩子读些人物传记类的书。一本好的名人传记，不但能带给孩子广阔的视野、丰富的知识，更能产生正向的世界观、人生观、价值观的引导。在见证"英雄"登顶的过程中，孩子也更能迸发出希望与勇气的火花，向上成长。

在名人传记的选择上，要注意侧重，比如选择典型人物，选择与孩子当下要克服的困难、改掉的习惯有关的书，同时在孩子阅读时适时进行引导，帮孩子了解名人面对挫折的态度、学习的方法，等等。在阅读时，孩子会把自己与主人公进行对比，名人所走过的人生道路，不论是成功的还是失败的，都会引发孩子的思考，并使其从中得到借鉴和启示。

11
不爱整理、条理性差

"孩子书包、书桌和卧室总是乱糟糟的，磨磨蹭蹭不肯收拾"

大华读五年级，期末考试成绩很不理想，语文、数学和英语的错误率增多，成绩明显下滑。在家长会上，英语老师评价大华："大华的课桌上经常摆得乱七八糟，上英语课时，课桌上还摆着数学书。"

语文老师说："大华提交作业时，总要花很长时间翻书包找作业，我提醒他可以把第二天要交的作业专门放在一个袋子里，他也不听。有次他翻书包时，我看到他书包里竟然还有上学期的试卷，真是够乱的。"

数学老师说："这孩子学习缺少条理性，数学课要求每个学生准备一个错题本，进行错题登记、认真改错。虽然不用上交批改，但我抽查时发现大华的错题记录得一团糟，看不清题目，也看不清订正的正确答案。每次复习错题时，其他学生可以很快复习完，大华总是拖拖拉拉，要多花很长时间，估计他自己都看不清自己写的是什么。"

从老师的评价中可以看出，大华在老师心目中的表现就是：乱、拖延、没有条理、整理能力差。

大华在家里也不爱收拾，有时父母给他收拾好，他还不满意，会故意弄得更乱。如果妈妈出差几天没帮他收拾，他的床上、学习桌上、飘窗台上都堆得满满的，用的、玩的、吃的随意乱放，喝了一半的牛奶也放在学习桌上，有时不小心洒出来弄得满书桌都是。每天光找东西都要花很长时间。

凌乱、不爱收拾、没条理的生活习惯已经影响到了他的学习，也影响了他在老师心目中的形象。

⊙ 导致孩子拖延的因素：条理性差

"整理和收纳"不仅是父母要做的事，更是孩子从小就应培养的能力。教育部发布的《义务教育劳动课程标准》，就要求从小培养孩子的整理能力。在收拾、整理物品的过程中，孩子需要动脑筋去思考，要认真专注，这种专注的态度和寻找解决问题的办法的习惯会延续到其他的事情上，包括学习。经常保持学习桌面干净整洁，会提高孩子的专注力、执行力和学习效率。哈佛商学院曾做过一项相关调查，结果显示：课桌收拾齐整的孩子，往往都成绩优异、乐观开朗。因为整理使得他们学会了规划，也更具耐心。

孩子为什么不爱整理？可能有以下几个原因。

1. 长辈的代劳

我问过许多父母："为什么你家孩子不爱收拾，不爱整洁？"得到的回答竟然高度一致，要么是自己惯的，要么是爷爷奶奶惯的。总之，问题出在了家长身上。

> "孩子白天上课，晚上写作业，周末还要上兴趣班，学习都忙不过来了，哪有时间让他做这些小事？所以就由我们大人来做了。"
>
> "我们家每天早上跟打仗一样，我都起不来，怎么可能指望孩子早早起床把各种准备有条不紊地做好呢？"
>
> "他妈妈都不爱收拾，家里总是乱乱糟糟的，大人都不整理，能教会孩子整理吗？不怪孩子每次都找不到东西。"

2. 家里凌乱

当今随着生活水平的普遍提高，我们的物质需求得到极大满足，家里堆满各类生活用品及孩子的玩具、学习用品等，有闲暇又开心的时候就归整归整，不高兴、累得晕头转向时，就只想"葛优躺"了，收拾家务的事情嘛，就无限期搁浅。最终，家里堆满了各种玩具、衣服、鞋子、练习题、油画笔、水彩笔、图书，还有自行车、滑板车……琳琅满目，从阳台到客厅，从卧室到书房都堆得满满的，多得没处放。

凌乱的家庭环境及家长的懒散行为，会极大地影响孩子。哈佛大学也有研究表明：房间凌乱的家庭，养不出有出息的孩子。家里的脏乱会带来思想上的混乱，会让我们遇事缺乏冷静。孩子在这个环境里学习成绩自然上不去，因为这个环境让他很烦闷。

3. 教育原则不强

"我也想让孩子保持整洁，可是他不听话啊，说多了孩子还不高兴。"

"如果不帮他收拾，他的房间乱得像猪窝，实在看不下去，只好帮他收拾。"

父母要求孩子整洁，有条理，如果只是督促他或者忍不住帮助他收拾几次，并没有持续性地跟进，就不会帮孩子养成良好的习惯。又或者间歇性向孩子提要求，想起来就说几句，想不起来时则放任不管，如此反反复复，根本解决不了问题。

下面这些行为，是孩子条理性差的常见表现。
· 早上起床后经常找不到衣服、袜子或鞋子。
· 学习桌上经常堆满了各种书、玩具和零食。
· 生活邋遢，经常丢三落四。
· 书包里有很多当下不用的书、试卷，甚至还有玩具和过期的食物。
· 上课经常找不到书和学习用品。

· 卧室里堆满了各类玩具、书和衣服，乱糟糟的。

◯ 对策一：提升孩子整理能力的原则

1. 对自己，要"严于律己"

"以其昏昏，使人昭昭。"这是不现实的。作为父母，我们应以身作则，做到将家里打理得整洁有序，给孩子树立好的榜样。

2. 对孩子，要"沉住气，敢放手"

和孩子好好谈一谈保持整洁的重要性，并教会他整理的方法。征得孩子同意后，我们必须得沉住气，不断告诫自己"我是孩子人生大楼搭建的'脚手架'，应该告诉他怎么做，不能代替他做'大楼'的'施工者'"。如果一看到孩子的书桌被堆得满满的，就心急地帮他收拾，那么孩子就会想当然地认为"妈妈并不喜欢我动手，她喜欢自己来"或者"只要我再拖一拖，妈妈就会帮我收拾"。

这一步往往是最困难，也是最重要的。如果希望孩子变得有条理性、不拖延，我们就必须停止帮他们收拾。孩子只有学会管理自己的各项事务，他们才能开始学会对自己负责。

3. 对物品，要"断舍离"

房间太乱往往是因为东西太多。帮助孩子"断舍离"，不仅可以提升孩子整理能力，改变拖延的行为，还可以培养孩子"断舍离"

的思维方式。不仅是物品，人生旅途中需要不断舍掉一些东西，卸掉心上的负累，轻装上阵，才能不负当下，拥抱未来。

放寒假时，儿子的寒假社会实践中有一项"学雷锋"活动，要求他利用假期自己去卖废品，并将义卖所得的钱在开学典礼上进行募捐。活动要求所捐的钱，必须是卖废品的钱，不能从爸爸妈妈那儿索取。

为了完成这次活动，我给儿子在阳台上准备了一个大纸箱。他开始整理自己的物品，把不用的纸张、作业本、牛奶箱、矿泉水瓶、图书等物品从房间里清理出来，放在纸箱里。开学前，我带他去废品回购站卖废品，共卖了10元。

儿子很惊讶："妈妈，原来我这些不用的东西可以卖钱啊？"拿到那10元的一刻，他才真正意识到回收再利用的意义。开学当天，他做了募捐，学校也给他颁发了一个学雷锋的小奖状。儿子很高兴，回到家就和我说："妈妈，你可以帮我再准备一个纸箱吗？我要继续清理不用的东西，拿去卖掉。"

从那之后，每囤够一箱废品，我就带儿子去卖掉，有时5元，有时20元，他把这些钱都存了起来，准备以后再去募捐。

这项活动，成功地把儿子不爱整理的坏习惯给改掉了，他开始有意识地"断舍离"，并有了节约资源的意识，感受到募捐帮助他人的快乐。

○ 对策二：培养孩子整理能力的操作方法

提起教孩子整理这件事，月月的妈妈就觉得心好累。

"手把手地教她如何收拾整理物品，从归类书籍、纸张到叠衣服、扫地，从收拾桌子到收拾房间，一遍遍示范、一遍遍地教啊。

"11 岁了，按理说应该能学会，可她就是学不会。叠完的衣服还是窝成一团一团的，整理完的书本一摞一摞的……东西永远都找不到，每天越是着急出门，越是要翻腾着找头一天的作业、红领巾。天天乱成这个样子，拖拖拉拉的，哪里像个女孩子！

"有时我实在看不下去了，也会说她几句'能不能好好收拾收拾你的书包？'可是根本没什么效果，说了也白说，她最多赌气似的随便鼓捣两下，和没收拾一样，急匆匆就出门了。有时忘了戴红领巾，我还在上班路上就接到孩子的电话，哭着要我把红领巾给她送到学校去，没办法，只得掉头回去帮她去拿红领巾。"

月月的妈妈万分感慨："只是整理一下东西，怎么对孩子来说就这么难？"

整理对孩子来说并不是一件容易的事，我们不能奢望孩子一下子就变得井井有条，成为整洁有条理的小达人。万事开头难，整理这件事，不妨从简单的入手，比如整理书桌、书包。

那么，如何整理呢？主要分为两大步骤。

1. 教给孩子一个"整理秘籍"

这个"整理秘籍"非常简单，就一句话："给所有物品找到'一个家'，每次使用完，把物品放回它自己的'家'里。"

预先教给孩子这个"整理秘籍"后，再教孩子具体如何整理物品，然后反复实践，让孩子加深对它的理解和运用就可以了。

2. 督促孩子坚持整理一件物品1～3个月，直到形成习惯

一个习惯的形成，需要1～3个月的时间。等形成一个习惯后，再培养下一个习惯。如果培养孩子整理书包的习惯，那么在做整理书包这件事时，不要穿插其他整理任务，只坚持整理书包这一件事。我们可不定期抽检孩子书包的整理情况，督促孩子坚持下去，直到形成习惯。等养成整理书包这个习惯后，再教他整理下一个物品，比如书桌等。

下面以整理书包和书桌为例，说明怎样教孩子整理。

（1）整理书包。

第一步，引导孩子给每个学习用品在书包里安个"家"。

妈妈给月月买了一个新书包，月月很开心，左翻翻右看看，向爸爸炫耀着她的新书包。

妈妈："这个书包有三层半呢，你准备怎么使用它呢？"

月月想了想，回答："第一层放我的课本。第二层放美术课要用的画纸、水彩笔和胶棒。第三层放我的文具盒。那半层放我的红领巾、纸巾和跳绳。左右两边的小兜兜，一个放我的水杯，一个留着下雨了放雨伞。"

妈妈："第一层放课本，非常好。第二层如果放美术材料的话，那这一层有点'孤单'哪。每周只有一次美术课，其他四天这层是空着的。另外，你的作业本、试卷、练习册这些准备放哪儿呢？"

月月想了一会儿，说："那第二层就放作业和试卷这些吧，这样每天交作业时一下就能找到了。"

妈妈："你这个主意很棒，那你美术课的材料怎么办呢？买书包时还送了几个文件袋，你看能不能用得上？"

月月看了看文件袋，又看了看她的美术材料，突然高兴地大声说："啊，我知道了，我可以把画纸、水彩笔和胶棒先放到文件袋里，然后再放进书包里，这样我就能很快找到它们了。"

妈妈竖起大拇指："不错！那你的课外练习册准备放哪儿呢？"

月月一边思考一边自言自语："我的文具盒比较大，可以放在第一层那个分隔层里面，更容易找到。但练习册和课本大小差不多，和课本放一起容易找错，那这些练习册可以单独放到第三层。"然后抬头和妈妈说了她的想法。

妈妈："你安排得很合理，给所有学习用品找到了自己的'家'。以后要记得，每次上完课，把它们放回自己的'家'里，好吗？"

月月："我知道啦，妈妈！"

妈妈："对了，你以前经常会把没吃完的面包放进书包里，那你给面包找位置了吗？"

月月大喊道："不行，我不要放面包，这会弄脏我的新书包的。我的书包里没有面包的'家'！"

妈妈："我赞成！书包是学习用品的'家'。面包是食物，食物类的就不要放到书包里了。"

月月："好的，以后我再也不把吃的东西放书包里了！"

经过这次沟通，月月把书包里的各种学习用品进行分类存放，书包也就变得整洁多了。

第二步，每天晚上整理书包。

在孩子完成每天的作业后，我们可以要求孩子把书包清空，按照课表重新整理，只带第二天上课的书本和相关材料，其他的物品则放在书桌特定的位置。这样，不仅书包轻便了，而且也便于快速找到所需物品。

　　儿子从上学开始，我们就要求他每天整理书包，养成了写完作业收拾书包这个习惯性动作，而且速度很快，往往只需一两分钟就能整理好第二天上学所需的物品。

　　有一天晚上，儿子一边整理书包一边和我聊天："妈妈，你知道吗？我发现我们班有的同学从来不整理书包，每天把所有的课本、作业本、练习本、字典都带着，他们的书包好重啊。"

　　妈妈："你觉得他们这么做，好不好？"

　　儿子："不好，我不喜欢天天背着所有书，太重了，而且上课前要花很长时间找书，太慢了。"

　　妈妈："你的做法很好，咱们继续保持！"

第三步，纸张整理是书包整理中的难点。

随着年级越来越高，孩子从学校带回家或者从家里带到学校的各类纸张会日益增多，比如各类测试表、单元测试卷、视力检查表等，有些试卷第一天带回来，家长签完字后第二天还要带回学校给老师检查。如此经过一两个月，如果不及时清理，书包里就塞满了各类纸张，就像前文中的大华，书包里竟然还留着上学期的试卷。

另外，纸张很容易损坏、丢失，孩子经常埋头在书包里扒拉着找其中的一张，拖延时间不说，万一找不到，有可能会影响孩子当天的学习。

让孩子整理好书包里的各类纸张，有一个非常简单有效的方法，就是充分利用资料夹。资料夹用来收纳纸张，方便又有效。

第一次使用资料夹前，先教给孩子基本的使用方法。

首先，贴标签。使用前，先给每门功课做个标签，然后分区贴在资料夹内，确保每门功课都有自己专门的分区，比如数学区，就专门放数学的各种试卷、纸张等。另外，需要额外准备一个"其他"标签，给那些非功课类的纸张找个地方"安家"。

其次，把所有的纸张分门别类放入资料夹。贴好标签后，就可以把书包里所有纸张都集中放在这个夹子里，这样的话，孩子只要拿到资料夹，就能通过查看标签找到他需要的纸张。

注意：只有在需要用到纸张的时候，才把它们从资料夹中取出来。每次使用完后，立即把纸张放回它们相应的分区里。

最后，定期清理。把不再需要的纸张及时清理出资料夹，保持资料夹内的纸张都是近期要使用的。

第四步，定期清理不需要的材料。

孩子的书包也需要定期清理、归纳，进行"断舍离"。比如，把不需再上交的试卷及时收起来，把用完的作业本及时清理出去，把不能再用的水彩笔及时更换，把坏掉的文具及时扔掉。

有一次，浩浩喊妈妈帮他递一支铅笔。妈妈打开他的文具盒，吓了一跳，只见文具盒里有五六个铅笔头、两把完好的尺子、一把断掉的尺子、一块完整的橡皮、一块满是洞洞的橡皮，还有一个已经坏掉的卷笔刀。

妈妈没有直接动他的东西，而是默默地递给他一支可以用的铅笔，等他完成作业后，妈妈和浩浩聊起了天。

妈妈拿起铅笔头问浩浩："这些铅笔头还可以使用吗？"

浩浩诧异地反问："妈妈你看不出来吗？它们都这么短了，当然不能再用了。"

妈妈："那为什么还要放在文具盒里呢？"

浩浩得意地说："这你就不知道了，它们可都是我平时努力学习的见证，不能扔，看到它们我就很开心！"

妈妈又拿起只剩半截儿的尺子问："那这把尺子呢？它已经坏了，为什么还要保留着呢？"

浩浩："以前它是我最好的好朋友，可是有次我不小心把它弄断了，我的好朋友受伤了，我不能抛弃我的好朋友。妈妈，如果你因为你朋友受伤了，你就不理她了，你的良心会不会痛？"

妈妈："好吧，那这个坏掉的卷笔刀呢？"

浩浩："它也是我的战友，不能扔！"

对于浩浩的这种恋旧，妈妈感到既欣慰又无奈。

妈妈指着那些铅笔头和尺子说："这些都是曾经和你并肩作战的战友，它们要么该'退役'了，要么'受了伤'，都不能再使用了，但你都没有抛弃它们，这说明你很有团队精神，妈妈为你点赞！"

浩浩骄傲地抬起小下巴，重重地回了一个字："嗯！"

妈妈："不过，你看你的这些'战友'既然不能陪你一起'冲锋陷阵'了，我们给它们找个更好的'家'来安顿它们，好不好？"

浩浩："那把它们放哪儿呢？"

妈妈："你抽屉里还有一个新的文具盒，我们把它们安置在那里好不好？它们在那里可以安静地休息，而且会更舒服。现在的文具盒里东西太多了，它们天天被挤来挤去，住着也闹心。"

浩浩："好啊，这是个好主意！"

于是，浩浩立即行动起来，把目前在使用的文具盒清理得整整齐齐的。

（2）整理书桌。

通过与孩子长达1年多时间整理书桌的"斗智斗勇"，我总结了四个简单有效的方式。

第一个，给每样物品找"地盘（家）"。

和孩子一起给书桌上每个区域做好"地盘"功能划分，安排好每个地盘的"主人（各类学习用品或书本等）"。

　　我给孩子买的书桌，上方带两层书架，下方带两层抽屉，右侧下方带三个挂钩。书架的第一层，右边是笔筒的"地盘"，中间是台灯的"地盘"，左边是闹钟和计时器的"地盘"。第二层，左边是各类文具的"地盘"，分别放着电动削笔器、桌面清洁器等，中间是课本、练习册和字典、词典的"地盘"，右边是几个文件夹，专门存放试卷、保存画作等。

　　桌面是孩子写作业的"地盘"，不允许牛奶、水果等食物和饮料到学习区里抢"地盘"。右侧下方有三个挂钩：第一个挂钩用来挂书包，第二个挂钩用来挂英语专门书包，第三个挂钩挂儿子的篮球包。

　　下方的两层抽屉，也都详细划分了"地盘"。第一层抽屉比较浅，只能放些小东西，因此每个格子里放铅笔、钢笔、备用尺子、备用橡皮、裁纸刀等。第二层放较大些的物品，分别放着备用的水彩笔、作业本等。

第二个，列一个书桌物品整理检查清单。

列书桌物品整理清单的目的，是确保每件物品在使用后都能回到自己的"地盘"里，从而确保桌面的干净整洁。

清单的制定一定要和孩子事先进行充分沟通，一起讨论制定。

列检查清单时，可以采取从上到下、从左到右的顺序逐一列出来，使孩子在整理时更加顺手，同时对孩子后期执行清单也非常有帮助，不易漏项。

每次完成作业后，书桌整理检查清单如下：

·笔、尺子、橡皮是否归位到笔筒。

·闹钟、计时器是否归位。

·电动削笔器、桌面清洁器是否归位。

·课本、练习册、字典、词典等是否归位。

·是否有新的试卷、画作需要归纳到文件夹，文件夹是否归位。

·写完作业后桌面是否干净。

如果可以的话，最好是用图画表示，这样孩子看起来更加直观、形象。

第三个，保持桌面干净整洁。

每次孩子写完作业后，家长除了督促他们整理书包，还要督促其养成收拾桌面、按清单整理书桌的好习惯。

第四个，定期检查是否按清单整理。

家长可以和孩子一起检查，让孩子把每一件收好的物品大声说出来，这种做法会加深孩子对这个行为的印象。或者坐在孩子旁边，在他说出每件物品的时候认真倾听，看他是否把每件物品都归位了。等孩子养成习惯了，父母不必守在一旁，让他自己检查就可以了。

以上方法仅仅提供了不同的参考，关键要结合孩子的习惯和特点，找到适合孩子当下年龄的简单、易操作的整理流程和方法。鼓励孩子用自己的方法，当孩子有了自己的方法后，再帮助他们持之以恒地反复练习，把这些动作内化，最终成为固定的行为习惯。

✩
⋆

"给孩子买玩具或把零花钱等作为奖励，可孩子更拖延了"

　　清清写作业时特别磨蹭，清清的妈妈为了鼓励他快点写作业，就和清清约定，每准时完成一项作业，奖励2元。清清每天需完成语文、数学和英语作业，还有钢琴和练字，如果全部准时完成，他每天可以得到10元的奖励。

　　一开始，清清特别来劲儿，因为他想要一个定价为70元的奥特曼玩具。为了得到奖励，清清每天坚持按时完成作业，终于坚持了7天攒够钱买到了玩具。可没想到，这之后，他就又开始磨蹭了，对奖励也不再感兴趣。

　　妈妈："清清，你不想要奖励了吗？"

　　清清："我已经有奥特曼了，不要了！"

　　几天后，清清又想要一把玩具水枪，于是又找妈妈谈判。

　　清清："妈妈，我保证准时完成任务，但每完成一个可不可以奖励5元？"

妈妈："为什么啊？不是说好了 2 元吗？"

清清开始撒娇哭闹，说："那个水枪要 25 元，我想一个晚上就'挣'够，这样明天就可以买到那把水枪了。"

妈妈心软了，同意了清清的要求。

结果，第二天买到水枪后，清清又磨蹭着不愿意写作业了。

过了一段时间，妈妈又督促清清快点儿写作业，清清又提出新的要求："妈妈，如果我这一星期都按时完成作业，可以给我买一套五周年纪念版的奥特曼吗？"妈妈最终又妥协了。

为了让清清按时完成作业，妈妈花费的代价也越来越高，而且只有在清清想买玩具时他才会主动写作业，在得到玩具后这个奖励设置对清清来说也就无效了。

清清的妈妈后来反思，决定换种方式，采用积分制，每完成一项作业或做一项家务就可以积 1 分，每积 1 分可以兑换 1 元。结果清清大声抗议："以前完成一项得 5 元，现在变成了 1 元，怎么越来越少了，妈妈你骗人，我再也不想写作业了！"

本来为鼓励清清及时完成作业而设置的奖励，最后不但没达到预期效果，反而变成了清清以学习为条件索要玩具的理由，写作业也越来越磨蹭。这不禁让清清的妈妈犯难，对付孩子写作业磨蹭，到底应不应该引入物质奖励？

⊙ 导致孩子拖延的因素：物质奖励的反作用

以物质奖励为条件，要求孩子按时完成任务，这种现象非常常见，比如："如果这个期末你能考 100 分，我就给你买一个你喜欢的玩具！""如果你今天负责打扫卫生，我可以奖励你 5 元零花钱"……随着奖励次数的增加，我们会发现，孩子对奖励的要求越来越高，同时对要做的任务越来越厌烦。这种"收买"孩子的物质奖励，一开始确实很容易让孩子改善坏习惯，但无法从根本上解决孩子磨蹭的问题。

儿童心理学家鲁道夫·德雷克斯谈到"对惩罚与奖赏的误解"时提道："惩罚和奖赏是适用于独裁社会的，在独裁社会，权威者享有支配地位，有给予他人赏罚的特权，能够决定谁有功谁有过，谁该赏谁该罚。而现在我们所处的是一个民主的社会，民主包含平等，父母不能独享权威。权威意含支配权——一人高于他人。而平等理念中，没有所谓支配权。父母必须意识到，试图将自己的意志强加给孩子是毫无用处的，没有哪种惩罚能得到持久的服从。惩罚只能帮孩子发展出更强烈的反抗和挑战。惩罚只能给父母带来期望的短期效果。而奖赏孩子和惩罚孩子一样，对他们的人生观都是弊大于利，这两种行为都缺乏尊重。在相互平等和尊重的关系中，人们做完一件事情，是因为这件事情本身需要被完成。这时的满足感来自和谐的互助与合作。"

当孩子不需要物质激励也能出色完成某项任务时，更没必要"画蛇添足"地给孩子物质奖励。不恰当的物质奖励，对孩子的健康成长弊大于利。

晶晶特别喜欢玩数独游戏。她经常一个人沉浸在数独的世界里，从四宫格到六宫格，再到九宫格，玩得不亦乐乎。晶晶的妈妈特别高兴，每次晶晶玩完游戏后，她就说："你这次又全做对了，妈妈要给你一条漂亮的小裙子作为奖励。"晶晶也很开心，可时间一长，妈妈发现晶晶做数独的正确率越来越低了，晶晶对数独也渐渐失去了兴趣。

晶晶的妈妈就是在"画蛇添足"，用物质奖励消磨了孩子对数独的兴趣。

心理知识小课堂

德西效应

心理学家爱德华·德西曾进行过一次著名的实验，他随机抽调一些学生去单独解一些有趣的智力难题。

在实验的第一阶段，抽调的全部学生在解题时都没有奖励；进入第二阶段，所有奖励组的学生每完成一个难题后，就得到1美元的奖励，而无奖励组的学生仍像原来那样解题；第三阶段，在每个学生想做什么就做什么的自由休息时间，研究人员观察学生是否仍在做题，以此作为判断学生对解题兴趣的指标。

结果发现，无奖励组的学生比奖励组的学生花更多的休息时间去解题。这说明：奖励组对解题的兴趣衰减得快，而无奖励组在进入第三阶段后，仍对解题保持了较大的兴趣。

实验证明：当一个人进行一项愉快的活动时，给他提供奖励结果反而会减少这项活动对他内在的吸引力。这就是所谓"德西效应"。

"德西效应"给我们以极大的启迪——当孩子尚没有形成自发内在动机时，我们从外界给以激励刺激，以推动他们的学习活动，这种奖励是必要和有效的。但是，如果学习活动本身已经使孩子感到很有兴趣，此时再给他们奖励不仅显得多此一举，还有可能适得其反。一味奖励会使孩子把奖励看成学习的目的，导致学习目标的转移，而只专注于当前的名次和奖赏物。

因此，我们要特别注意正确使用奖励的方法而不滥用奖励，要避免"德西效应"。孩子对学习或活动任务本身感兴趣而自发去探索，为获得快乐感、成就感而自愿完成父母交代的任务，这些皆归属于内在动机。而物质奖励属于外部动机，当孩子面对感兴趣的任务时，如果我们对他们施加物质奖励，奖励金钱或玩具，这很可能会使孩子的内在动机变为外部动机，使他们将完成任务与获得奖励等同起来，进而丧失内在动力。

相关科学研究也表明：一旦孩子可以通过"良好行为"来兑

换"实际利益",就会导致他对物质奖励非常敏感,那么他对事情本身的投入程度就会愈发下降。当孩子失去了对事情原本有的或可以激发出来的热爱与兴趣后,结果往往和父母的初心背道而驰。

下面这些行为属于物质奖励范畴,想一想:你会经常和孩子说这些话吗?

- "等你考 100 分了,我就给你买电话手表。"
- "什么时候考试第一名了,我什么时候奖励给你 500 块钱。"
- "你要是听话,我等会儿去给你买玩具车。"
- "你现在不哭,给你看一会儿手机。"
- "你快点儿吃饭,一会儿就可以看两集动画片。"
- "上午把作业写完,下午我就带你去游乐场玩。"
- "如果你扫地,我给你 10 元零花钱。"
- "只要你乖乖听话,我就给你买玩具。"
- "你弹完钢琴,我让你玩半小时的电子游戏。"
- "如果你期末考试没有考到 90 分,以后零花钱减半!"
- "如果你不想练字,今后就别想看动画片了!"

◯ 对策:改变奖励方式

要奖励孩子,首先我们得明白奖励的目的是什么。奖励就是以奖赏激励孩子，从而起到进一步调动孩子的自觉性，激发孩子的内在动力来取得更大的成绩的目的。奖励的重点在于如何帮助孩子把外部要求变成孩子自己的内在动机和需求。

1. 用语言上的夸奖代替物质奖励

孩子需要的奖励并不仅仅是玩具、零食等物质上的获得感，更多的是来自父母的接纳、认可和赞赏。父母肯定的言语和赞赏会给孩子带来心理上的认同感、满足感和归属感。因此，可以把对孩子的物质奖励调整为对孩子言语行为的接纳、认可和表扬。

语言表扬时，需要注意下面的问题。

（1）表扬不能"抢跑"，必须发生在孩子任务完成之后。

如果任务还在进行中就提前夸奖，一是容易让孩子骄傲自满，对自己的能力和水平没有清晰正确的认知；二是夸奖显得"不走心"。我们对孩子的表扬最好是发生在孩子完成一个任务后，比如他们完成了作业、主动打扫了卫生等。

在任务开始前，可以给孩子打打气，鼓励孩子投入并引导他们具体怎么做。在任务执行过程中，如果孩子遇到了问题，可以提供一些支持和适时的指导。任务结束后，有一个具体可夸奖和鼓励的结果时，可以认真地夸一夸孩子。

（2）积极寻找孩子值得肯定的方面给予鼓励。

很多父母认为自家孩子身上值得夸奖的地方太少了。值得夸奖的其实远远不止成绩、才艺与天赋，孩子的好奇心、善良、专注、兴趣、幽默、友善，甚至失败过后的乐观都是值得夸奖的。每个孩子身上都有闪光点，我们要做的是发现并发掘这些闪光点。

（3）多表扬孩子的努力而非聪明。

夸孩子"聪明"，不如夸"努力"效果好。倘若孩子表现不错，如果父母夸他"聪明"，孩子会将成功归因于智力和天分，那么当孩子表现得不尽如人意时，他便会将此归因于自己"不够聪明"。夸孩子"努力"，则会让孩子将成功归因于努力，当孩子遭遇挫折时会认为"这次没做好，是因为我还不够努力"，进而不断努力，争取下次做得更好。

（4）表扬的内容不超过孩子的真实水平。

夸孩子的时候，我们有时容易夸过头。言过其实的夸奖像是给孩子穿了一件"皇帝的新衣"，使他们难以形成正确的自我认知，也容易骄傲自满。同时，当孩子意识到自己并非夸奖的那么好时，会产生比较大的心理落差。

> 在第一次单元测试中，晴晴数学考试考了 100 分，晴晴的爸爸很高兴，狠狠地夸奖了一番："我女儿就是厉害，平时没怎么学都能考 100 分，比爸爸小时候聪明多了。"听了爸爸的表扬，晴晴的"小尾巴"都快得意地翘到天上去了。
>
> 两周后，第二次单元测试前一天，爸爸提醒晴晴做考前复习。晴晴非常自信地说："我不用复习，上次我都没复

习，还不是照样考了 100 分。"结果考试成绩下来，晴晴只考了 86 分。

夸奖不等于给孩子胡乱"戴高帽"，夸奖也要实事求是，一定要具体、客观，有针对性，让孩子知道具体"好"在哪儿，比如孩子爱劳动、勇于改正拖延的坏习惯等。

2. 以肢体语言的鼓励代替物质奖励

父母对孩子的精神奖励，不仅局限于语言表扬，有时肢体语言的鼓励更能起到意想不到的作用。肢体语言上的鼓励，包括拥抱、击掌、拍拍孩子的肩膀、抚摸孩子的头等，以此把信任和力量传递给孩子，让孩子感受到力量，重新恢复勇气和自信。

有时一个来自父母的满意的微笑、赞赏的眼神，可能给孩子莫大的鼓励。

下面是常用到的一些肢体语言上的鼓励方式。

（1）拍拍孩子的肩膀，鼓励孩子。

通过拍肩膀的方式鼓励孩子，有时是在提醒孩子"快点儿行动起来""你该执行任务了"，也能够向孩子传达"相信你一定可以做得到""爸爸妈妈相信你"等信息。当孩子没有听到语言的指令，或者心生排斥时，轻拍肩膀的动作可以起到鼓励、催促的作用，同时可以抚平孩子心中对命令的排斥和不满，给孩子注入尊重和自信。

当然，动作鼓励与语言鼓励结合，效果会更好。有一个鼓励孩子的公式："我相信你能行" + 肢体鼓励（拥抱、击掌、摸头、拍肩等）。比如：

"这次跳绳我相信你可以完成 200 个！来，跟妈妈击个掌！"

"这次比赛妈妈相信你一定能行，加油！"（跟孩子击掌。）

"我相信你能通过努力把成绩提上去，没问题的，你能行！"（拍孩子肩膀。）

"我相信通过你的练习，你的作文会写得越来越漂亮！"（摸摸孩子的头。）

（2）拍拍孩子的后背，安慰孩子。

当一个人被批评或感到害怕时，身体会不自觉地处于紧张状态，整个身体都绷得紧紧的，肌肉变得僵硬，眼睛会瞪得大大的，抿着嘴唇，紧握拳头……与此同时，内心也会处于紧张的防御状态，不再具备开放性。这是人对外界防备的本能反应，孩子更是如此，这种强烈的情绪如果不能及时排解，会转化成物质能量对孩子的身体造成损伤。

抚摸孩子后背具有神奇的力量，它可以安慰到孩子。

当孩子感到悲伤或害怕时，把手放在孩子颈部，用手轻柔抚触，孩子会感觉到被支持、被安慰，恐惧感也会减轻。当孩子情绪高亢时，比如因为玩得太兴奋晚上睡不着，妈妈可以把孩子抱到怀里，把手放到他的颈椎和后背之间，这个动作可以让孩子慢慢平静下来。

3. 以孩子感兴趣的活动代替物质奖励

带孩子参加户外活动也是一个很好的奖励方式，用亲子类活动对孩子好的行为进行奖赏。比如带孩子去看场电影，去博物馆、科技馆、美术馆等展览馆，和孩子去公园、去踏青、去郊游、去爬山、去游泳等。这类强调亲子属性或以孩子兴趣为导向的活动，强调的是活动兴趣本身，而不是物质性的奖励。

同时要注意的是，参加这类活动是为了兴趣与亲子快乐，当试图通过户外活动诱逼孩子做他自己不喜欢做的事，以达成我们的愿望时，这类活动会破坏孩子的内在动机。

4. 用星星卡或奖章等有纪念价值的物品作为实物奖励

这种方式是我从儿子学校给学生奖励的方式中得到的启发。为了鼓励学生积极参加学习活动，老师会对班上表现好的学生进行奖励，颁发小星星卡。这样一张小小的卡片极大地调动了孩子的积极性，把孩子的好胜心完全给激发出来了，学生们天天铆足了劲儿想得到老师的星星卡。这种奖励，使得孩子取得的每次进步，都以星星卡的方式直接体现了出来。同时，每次领取星星卡时，获得星星卡奖励的学生都会接收到其他孩子羡慕的"注目礼"，这会让孩子产生自豪感。

平时在家里，我们也可以利用这种方式。此外，还可以与孩子互动，制作孩子感兴趣的、有纪念意义的各种奖章，比如骑车小能手、自律小达人、跳绳小勇士、家务小能手、阅读小达人等。通过设置完成的规则，比如每天跳绳打卡完成 300 个，坚持 21 天，就能获得跳绳小勇士的奖章。这类徽章，代表着父母对孩子的高度认同，代表着孩子克服困难、获得成功的纪念。

5. 奖励孩子过程中需要注意的问题

（1）奖励要及时。

奖励一定要及时，否则效果会大打折扣，甚至弄巧成拙。比如，鼓励孩子收拾房间，那么，在刚开始时，每当孩子出现我们期待的整理行为，哪怕只是一个很微小的动作，如把丢在床上的玩具收了起来，我们也要及时给孩子奖励，可以为他鼓鼓掌，夸他"会主动收拾玩具了，有进步"。关键是要立刻奖励，不要拖到第二天。

（2）奖励要合理。

所有我们不希望孩子出现的行为，都不能当作奖励的内容。尽量把孩子喜欢，同时对他成长有益的内容当作奖励。

比如很多父母都知道孩子看电视、玩手机、爱吃糖是不好的习惯。但有时为了让孩子完成任务，父母又会拿这些作为孩子的奖励，比如"如果八点前完成了作业，我就给你买五支棒棒糖"。这样会强化孩子不好的行为和习惯，让孩子更难改正。

（3）不能用奖励来制止孩子的错误行为。

千万不要为了制止孩子错误的行为而给孩子奖励，这不仅对纠正错误于事无补，还会强化孩子的错误行为。比如，在超市购物，孩子看到喜欢的玩具就不走了，哭着闹着非要买，有时父母碍于面子或为了制止孩子的哭闹，会选择妥协，给孩子买玩具。如此，孩子就会总结出一条经验：我只要哭闹，就可以得到想要的玩具。这也会强化孩子哭闹这种错误的行为。

（4）必须做事在前，奖励在后。

奖励与做事之间的先后顺序很重要，不能颠倒。只有先做了正确的事，才能给奖励，而不是先给孩子奖励，诱惑孩子去做正确的事。

奖励和表扬，是对于孩子做事成功的认可，但必须要事情完成后才能奖励，这是给孩子意料之外的惊喜，这样才能给予孩子情绪上的刺激，让孩子的内在动机得以强化。

奖励本身是一种加强信号的反馈。这种反馈必须在行为之后，通过给予额外的刺激强化正向反馈，如果孩子提前预知了奖励，那么"反馈"这件事情本身的意义就没有了，还可能会起到负面效果。

（5）奖励方式多样化。

经济学上有个"边际递减效应"，指的是在其他条件不变的情况下，如果一种投入要素连续增加，那么增加到一定产值后，所提供的产品的增量就会下降，即可变要素的边际产量会递减。简单理解，就像德国经济学家戈森所说的："同一种快乐不断重复，则其带来的快乐享受会逐渐递减。"

在奖励孩子方面也是如此。如果我们天天夸孩子"你真棒"，原本一句很好的鼓励，孩子听多了反而会认为得到表扬是理所应当的，并不会感到开心。而且一旦孩子没有得到预期的赞美，可能会因此感到挫败。因此，经常换"花样"奖励孩子，更能有效调动孩子的积极性。

参考文献

[1] 斯蒂尔.拖延心理学 2：用拖延方程式战胜与生俱来的行为顽症 [M].陶婧，周玥，曹媛媛，译.杭州：浙江人民出版社，2012.

[2] 福格.福格行为模型 [M].徐毅，译.天津：天津科技出版社，2021.

[3] 斯蒂克斯洛德，约翰逊.自驱型成长　如何科学有效地培养孩子的自律 [M].叶壮，译.北京：机械工业出版社，2020.

[4] 雷斯切尔.优质父母教养实践指南 [M].王培，译.北京：北京联合出版公司，2018.

[5] 大平信孝.一个笔记本搞定你的拖延症　3 分钟行动创新笔记术 [M].林杨，译.北京：中信出版社，2018.

[6] 哈迪德.这代年轻人不一样　如何与新生代共生 [M].垌清，译，北京：人民邮电出版社，2019.

[7] 沃特斯.优势教养　发现、培养孩子优势的实用教养方法 [M].闫丛丛，译.北京：中信出版社，2018.

[8] 德雷克斯，索尔兹.孩子　挑战 [M].甄颖，译.北京：生

活·读书·新知三联书店，2015.

[9] 埃德伦德. 发现你的生物钟优势 [M]. 杨悦，译. 北京：机械工业出版社，2004.

[10] 钟思嘉，王宏，李飞，等. 儿童时间管理训练手册：30 天让孩子的学习更高效 [M]. 北京：清华大学出版社，2015.

[11] 简·尼尔森. 正面管教　如何不惩罚、不娇纵地有效管教孩子 [M]. 玉冰，译. 北京：京华出版社，2009.

[12] 威廉·西尔斯，玛莎·西尔斯，伊丽莎白·潘特莉. 西尔斯亲密育儿练习手册 [M]. 李鑫，译. 北京：九州出版社，2015.

[13] 钱朝琼，桂石见. 教育力量的整合交互与协同效应：榜样教育的实效性探索 [J]. 中学政治教学参考，2019（9）.

[14] 郑洪升. 父亲的含义是榜样 [M]. 北京：中国民主法制出版社，2017.

[15] 班杜拉. 思想和行为的社会基础社会认知论 [M]. 林颖，王小明，胡谊，译. 上海：华东师范大学出版社，2001.

[16] 哈福德. 混乱　如何成为失控时代的掌控者 [M]. 侯奕茜，译. 北京：中信出版社，2018.

[17] 尤岭岭. 正面管教：不凶不吼教出好孩子 [M]. 北京：中华工商联合出版社，2014.

[18] 德韦克. 终身成长 [M]. 楚祎楠，译. 南昌：江西人民出版社，2017.

[19] 阿德勒. 儿童人格教育 [M]. 戴光年，译. 长春：吉林出版集

团有限责任公司，2014.

[20] 樊登.陪孩子终身成长 [M].北京：中国友谊出版公司，2020.

[21] 雅斯贝尔斯.什么是教育 [M].邹进，译.北京：生活·读书·新知三联书店，1991.

[22] 朱晓杰.一生必知的 101 个管理寓言 [M].北京：中国商业出版社，2004.